二战战术手册

沙漠和江河突击战术

［英］帕迪·格里菲思　［英］格尔顿·L.罗特曼　著
［英］亚当·胡克　［英］彼得·丹尼斯　绘
胡毅秉　译

民主与建设出版社
·北京·

© 民主与建设出版社，2025

图书在版编目（CIP）数据

二战战术手册.沙漠和江河突击战术/（英）帕迪·格里菲思,（英）格尔顿·L.罗特曼著；（英）亚当·胡克,（英）彼得·丹尼斯绘；胡毅秉译. — 北京：民主与建设出版社, 2025.4. — ISBN 978-7-5139-4896-8

I. E83-62

中国国家版本馆 CIP 数据核字第 2025LZ6670 号

World War II Desert Tactics by Paddy Griffith
© Osprey Publishing, 2008
World War II River Assault Tactics by Gordon L. Rottman
© Osprey Publishing, 2013
This translation of World War II Desert Tactics and World War II River Assault Tactics is published by Chongqing Vertical Culture Communication Co. Ltd. by arrangement with Bloomsbury Publishing Plc. Chinese simplified translation rights © 2025 Chongqing Vertical Culture Communication Co. Ltd. All rights reserved.

著作权登记合同 图字：01-2025-1140

二战战术手册：沙漠和江河突击战术
ERZHAN ZHANSHU SHOUCE: SHAMO HE JIANGHE TUJI ZHANSHU

著　　者	［英］帕迪·格里菲思　［英］格尔顿·L.罗特曼
绘　　者	［英］亚当·胡克　［英］彼得·丹尼斯
译　　者	胡毅秉
责任编辑	彭　现
封面设计	但佳莉
出版发行	民主与建设出版社有限责任公司
电　　话	（010）59417749　59419778
社　　址	北京市朝阳区宏泰东街远洋万和南区伍号公馆 4 层
邮　　编	100102
印　　刷	重庆长虹印务有限公司
版　　次	2025 年 4 月第 1 版
印　　次	2025 年 5 月第 1 次印刷
开　　本	710 毫米 ×1000 毫米　1/16
印　　张	13
字　　数	210 千字
书　　号	ISBN 978-7-5139-4896-8
定　　价	99.80 元

注：如有印、装质量问题，请与出版社联系。

目 录

单位换算表 ·· I

第一部分
二战沙漠战术 ·· 1

严酷而辽阔的竞技场 ································ 2
大事记 ·· 10
英　军 ·· 14
意　军 ·· 23
德　军 ·· 28
硬件对比 ·· 33
从短促行动、战斧行动到十字军行动 ·················· 44
往返于贾扎拉和阿拉曼 ······························ 52
突尼斯 ·· 62
扩展阅读 ·· 102

第二部分
二战江河突击战术 ·································· 103

引　言 ·· 104
简易渡河法 ·· 111
工兵舟艇 ·· 115
工兵舟桥分队 ······································ 127
舟桥器材 ·· 136

架设桥梁…………………………………………141
敌前渡河…………………………………………155
防守江河防线……………………………………164
实施强渡…………………………………………167
部分参考文献……………………………………199

单位换算表

距离和长度

1 英里 ≈ 1.61 千米

1 码 ≈ 0.91 米

1 英尺 ≈ 0.30 米

1 英寸 ≈ 2.54 厘米

重量

1 磅 ≈ 0.453 千克

容积

1 加仑（美制）≈ 3.79 升

二战沙漠战术

◆─────⬣ 第一部分 ⬣─────◆

严酷而辽阔的竞技场

英国远征军在1940年6月初经敦刻尔克（Dunkirk）撤退时，不仅放弃了其所有火炮和车辆，也放弃了此后四年在西北欧开展任何重大作战行动的想法。然而不出一个星期，意大利人就得出"加入这场战争稳赚不赔"的结论。转眼间，巴尔干半岛、东非和北非就燃起了新的战火。尤其值得一提的是北非战场，英国陆军在那里被卷入连番恶战，直到1943年5月攻克突尼斯才告一段落。而且不仅仅是英军，来自世界各地的军队也将很快加入战团，在这片横跨利比亚、埃及和突尼斯的广阔地域进行为期三年的拉锯战。当战事接近尾声时，除了北非当地人，在北非的战斗部队还有来自美国、澳大利亚、英国、法国、德国、希腊、印度、意大利、新西兰、波兰和南非的部队，甚至还有一个犹太旅，以及一个由来自新加坡等地的人员组成的高炮连。

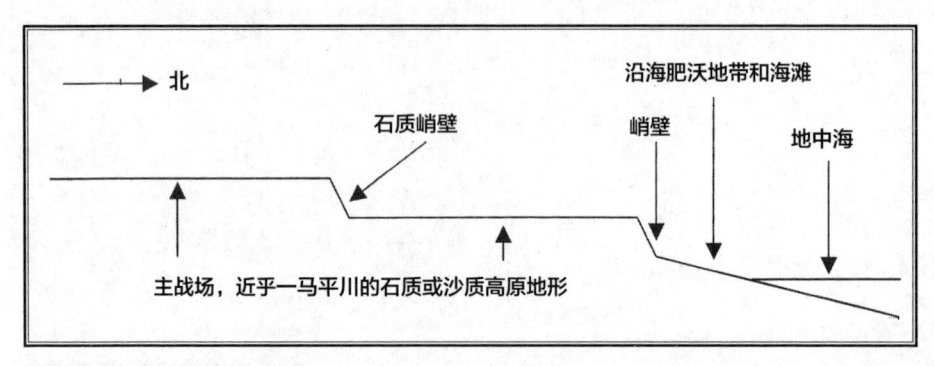

北非沿海沙漠（即北非战场）剖面图。

北非战争不仅高度国际化，从某种意义上而言，也是第二次世界大战中技术水平最高的一场战争，因为唯有这场战争的交战各方未使用骡马（至少战斗打到突尼斯之前是如此）。这是一场纯粹的机械化战争，它使20世纪二三十年代提出的许多新潮理论和猜想得到期待已久的检验。乍一看，开阔的沙漠似乎是适合坦克作战的"好战场"，甚至是"战术家的梦想之地"，还有不少信口开河的言论把沙漠里的坦克比作在大海上畅行无阻的战舰。毕竟，坦克这种兵器本身就源于"陆地铁甲舰"〔Land Ironclad，出自1903年H.G.威尔斯（H.G.Wells）出版的同名短篇小说〕的设想，而最早研制出坦克的也是英国海军部。这种类比很快又衍生出一整套分类法，涉及"主力坦克""巡洋坦克""驱逐坦克""坦克港""坦克陆战队"等诸多名词。[1]

✻ 英国坦克的种类
（A字头编号代表的是按总参谋部规范制造的坦克）

轻型坦克（非常轻，速度非常快）

"维克斯"Mk Ⅳ：衍生自卡登-洛伊德（Carden-Lloyd）装甲车，武器仅有机枪。

巡洋坦克（轻，速度快）

A9/Mk Ⅰ巡洋坦克：装备2磅反坦克炮和机枪。

A10/Mk Ⅱ巡洋坦克：与A9坦克相似，但装甲要厚一些，仅生产了170辆。

A13/Mk Ⅲ和Mk Ⅳ巡洋坦克：采用克里斯蒂悬挂，分别仅生产了65辆和270辆。

A15/"十字军"Mk Ⅳ：配备克里斯蒂悬挂，生产了5000辆；部分后期量产型配备6磅反坦克炮。

美制M3轻型坦克（又称"斯图亚特"或"甜心"）：配备37毫米反坦克炮。

步兵坦克（笨重，速度慢）

A12/"玛蒂尔达"Mk Ⅱ：配备厚重的装甲和2磅反坦克炮，生产了2987辆。

"瓦伦丁"Mk Ⅲ：衍生自A10和A12；被用作巡洋坦克与步兵坦克，但用作步兵坦克时，其装甲薄弱；生产了8275辆。

A22/"丘吉尔"：配备厚重的装甲；先配备2磅炮，后来换装6磅反坦克炮；在突尼斯的丘陵地形中表现优异。

主力坦克（兼具出色的速度、装甲和火力）

美制 M3 中型坦克（即"格兰特"坦克）：炮塔上装有 37 毫米反坦克炮，车身侧面的凸出炮座上装备水平射角有限的 75 毫米多用途炮；多达 6 人的车组。

美制 M4 中型坦克（即"谢尔曼"坦克）：炮塔上装有 75 毫米多用途炮，配备更厚重的装甲，机械性能可靠——直至 1945 年，都是盟军方面最好的折中设计。

可叹的是，虽有这许多乐观而浪漫的理论，但事实很快就证明在 1940 年以前，哪怕是对沙漠地形的真实情况只有最粗浅认识的人在欧洲军界也为数不多，能从大规模机械化战争的角度来认识它的人更是寥寥无几。实际上，各种原因导致这类辽阔的不毛之地与战术家的梦想相去甚远。沙漠极度开阔的特点使得任何人想要在此寻找掩体都难于登天。因此，整师整旅有时不得不在彼此的火炮射程之内无遮无掩地列阵对战，而这种战争形式是自 19 世纪中叶以来就不曾出现的。步兵往往只得将辎重放在若干英里外的后方，以免被敌军炮火击中。要进行精确导航也极为困难，车队连续迷路数小时的案例数不胜数。有时，车队误入敌方控制区而双方都浑然不觉。在夏季，海市蜃楼现象使光影出现多重失真，观察和测距也就无法通过光学仪器进行。砾石较多的区域只有使用风镐或炸药才能挖掘散兵坑，而热浪、蚊虫和沙尘暴更是常常使普通人关于"文明"战争的期望全都变成笑话。

所有亲历者一致认为，且不论北非这片严酷而辽阔的竞技场对于战术家有何意义，但它无疑是"后勤人员的噩梦"。显然，全面机械化的战争的主要问题是，这种战争要依靠内燃发动机来实现，而每一台发动机的行驶里程都受到严格限制。当车辆不得不穿越沙尘暴和沙砾地面时，被沙砾侵入的活动部件又会使行驶里程大幅缩减。在这片战场上，车辆的回收、维护和修理必须付出前所未有的努力；燃油消耗也特别大，而且当补给线拉长到成百上千英里时，这个问题尤为严重，因为这里的路边可没有在法兰西会战中帮助德军长驱直入的民用加油站。在这片战场的大部分区域内，铁路终点站距离战斗前线都非常遥远，就连水这样的物资也远不能满足需求。这意味着部队不得不花费大量人力物力长途运水，而且每人每天的水配给量往往少至半加仑，但这点水还会被用于各种目的（包括被补充进发动机的散热水箱里）。从这些方面和其他许多方面可见，北非的环境极其严酷。在这里，每行军一英里所付出的努力足以在西北欧行军两英里多，况且部队在北非的行军里程也远大于在西北欧的行军里程。

英军的太阳罗盘。沙漠中的许多地方都没有任何参照物，但精确的导航在此又必不可少。这不仅是为了实施战术机动，也是为了使后勤梯队能找到己方的坦克和火炮，还为了能将炮兵和航空兵引导到特定的目标。太阳罗盘在沙漠里可谓无价之宝，因为磁罗盘在钢筋铁骨的战斗车辆内毫无用处。太阳罗盘可安装在车长座椅旁边，以供车长在行军时不断查看；如果使用的是磁罗盘，他就不得不先停车，然后下车步行一段距离才能使用。（坦克博物馆藏品，帕迪·格里菲思拍摄）

除极少数例外，初到北非战场的部队都是在经受非常痛苦的打击之后才醒悟的。最先在这里发动攻势的是意大利的格拉齐亚尼（Graziani）元帅麾下补给不足的二流部队。由于机动运输车辆不足，这支部队在1940年9月只能徒步进攻，直到12月英军发动反攻时都没获得多少战果。英军的反攻部队由第7装甲师、印度第4师和澳大利亚第6步兵师组成，而这三个师都有在战前研究过沙漠环境的、经验丰富的老兵。然而，这些大英帝国的精锐很快就被沙漠战经验远不如他们的部队取代。无独有偶，当埃尔温·隆美尔（Erwin Rommel）在1941年3月率领德国非洲军（Deutsches Afrika Korps）从欧盖莱（El Agheila）首次发起大胆进攻时，他发现自己的155辆坦克中有83辆很快就抛了锚，原因主要是缺少"沙漠化的"机油滤清器。到4月11日对托布鲁克（Tobruk）发起关键的突击时，德国第5装甲团只剩25辆还能行驶的坦克，结果毫无悬念地铩羽而归。

1941年4月下旬，皇家坦克团第5营的一辆A13/Mk Ⅱ巡洋坦克的乘员打出"前进"的手势信号。注意近景中坦克车长右肘旁边安装的太阳罗盘。（帝国战争博物馆，编号E2639）

1941年2月1日，德尔纳（Derna）附近，澳大利亚步兵们正携带着干粮和水，行走在难以通行的砾石荒漠上。在这个战区，供水始终是个难题，也是限制部队行动的因素。为首的军官似乎提着一个保温容器，还有几个士兵提着像是啤酒瓶一样的东西。奥康纳（O'Connor）将军发起的会战进行到这一阶段，德尔纳一带实际已成后方。尽管如此，当地还是极度缺乏机动车，这是因为大部分机动车都被调拨给进行机动穿插的前锋部队了。这些前锋部队即将在数百英里之外，也就是班加西（Benghazi）附近的贝达弗姆（Beda Fomm）赢得一场决定性战斗。（帝国战争博物馆，编号 E1845）

不过，德军很快就会从错误中吸取教训，德国非洲军也将在北非迅速赢得善战的名声，并享有人员延续性（Continuity of Personnel）最大的优势。在隆美尔猝然发难后，扩张过度的大英帝国不得不将一批批新部队投入这片战场，而其中的士兵基本都是缺乏经验又不适应沙漠条件的新兵。英军虽然在人数和物质上占据优势，但总是缺乏真正熟悉沙漠战斗的士兵。有一些规模较小的部队是例外，例如凯尼格（Koenig）将军指挥的、1942年6月在比尔哈凯姆（Bir Hacheim）表现非常出色的两个来自法国外籍军团的营，还有经常作为先锋深入沙漠作战的远程沙漠作战群。[2] 规模较大且能在一定程度上适应沙漠地形和气候的部队包括1941年在托布鲁克坚守大半年的澳大利亚部队，以及同年11月在西迪雷泽（Sidi Rezegh）奋战的南非部队。

1941年12月27日，德尔纳，印度第4师的锡克步兵正在练习巷战中的火力掩护和机动，而这是沙漠战很少会用到的技艺。不过，第8集团军在推进到昔兰尼加境内时就发现此处部分沿海区域的地貌景观类似于意大利的丘陵和灌木丛，而且当地还有几个颇具规模的城镇。（帝国战争博物馆，编号E7365）

然而，上述部队的努力在一定程度上被浪费了。这些部队无法完成本来可以完成的所有目标，因为与其并肩作战的大部分大英帝国军队在作战表现上往往十分逊色。更残酷的是后者中的很多人还来不及成长为熟练的沙漠战士，就在参战后的短短数天内阵亡了。这方面最骇人听闻的几个例子之一是英国第23装甲旅。该旅从英国本土出发，于1942年7月6日抵达苏伊士（Suez），但其坦克直到7月17日才"完成战斗准备"（理论意义大于实际意义），又于7月22日在姆赖尔（El Mreir）参加战斗。换句话说，该旅在被投入战场之前，只有四天时间来适应在沙漠地形上驾驶坦克，而一般来说，此类适应性训练至少需要一个月。该旅的车载电台显然还没有联网，甚至没有几个坦克手知道敌人的反坦克炮能击穿其坦克的装甲。因此也难怪经过短短四个小时的战斗，该旅的150辆"瓦伦丁"坦克就在地雷、反坦克炮和德军坦克的反击下损失了约110辆，损失比例达73%。

最后一批到达北非的部队数量极其庞大，其中包括1942年11月在火炬行动（Operation Torch）中登陆的美国第5集团军和英国第1集团军，以及在1942年年底至1943年年初的冬季匆忙赶赴突尼斯的轴心国大军。这些部队的官兵无论属于哪个国家，此前都少有战斗经验，更不用说具备北非的实战经验了。这只能再次印证那条一般规律，即在该战区作战的大部分部队都没有为这里的挑战做好万全的准备。而那25万人（与在斯大林格勒被包围的人数相当）的轴心国部队中的大多数人更是有力证据——他们将在5月突尼斯被攻克时投降。

一辆M4A1"谢尔曼"II式坦克被装在一辆美制拖车上以便进行公路机动，几名英国军官正在窥探坦克内部。1940年至1941年，人们发现长途行军可能使坦克的行走机构在坦克到达战场之前就被严重磨损。部队对坦克运输车的需求变得突出而紧迫，但需要很长时间才能获得足够多的此类车辆。这辆崭新的"谢尔曼"坦克在1942年10月刚刚被配发给第3骠骑兵团C中队，其左侧履带挡泥板上有白色骏马标志、战术序号"40"（代表第3骠骑兵团），以及作为衬底的绿色矩形（代表第9装甲旅）。在第二次阿拉曼战役的"增压器阶段"（Supercharg Phase），第9装甲旅于11月2日进攻德军的反坦克炮防线（PAK-Front）时几乎全军覆没。（帝国战争博物馆，编号E16861）

大事记

以下条目只是简略的大事记。以斜体显示的条目列出了重要的新式装备（这些装备一开始通常很少，主要起到补充而非取代旧装备的作用）首次出现在战场上的大致日期。

1938 年

9月，珀西·霍巴特（Percy Hobart）在埃及组建机动师（即后来的英国第7装甲师）。

1940 年

6月11日，意大利对英国宣战：边境上的小规模战斗持续不断，英国第11骠骑兵团尤其活跃。

9月13日，意军入侵埃及。

9月20日，英军首次使用经尼日利亚向埃及运送增援的塔科拉迪（Takoradi）航线。

12月8日至11日，奥康纳将军发起罗盘行动（Operation Compass），英军赢得西迪巴拉尼（Sidi Barrani）之战，胜利之轻易大大超出原先的预料。

1941 年

2月5日至7日，贝达弗姆之战，奥康纳发起的攻势胜利收官。

3月5日，第一批英军部队乘船前往希腊，英军西部沙漠部队（Western Desert Force）的主力被抽调。

3月30日，没等英军按计划进攻的黎波里塔尼亚（Tripolitania），隆美尔抢先发动反攻，杀入昔兰尼加（Cyrenaica）。英军虽被击溃，但伤亡很少。

4月7日，奥康纳将军和尼姆（Neame）将军被俘。

4月10日，托布鲁克围攻战开始。同时，隆美尔继续向利比亚—埃及边境挺进。

5月5日至12日，"老虎"运输船队穿过地中海，将一批坦克运至亚历山大港。

5月15日至17日，短促行动（Operation Brevity），这是发生在利比亚—埃及边境上的小规模战斗。

6月15日至17日，战斧行动（Operation Battleaxe）是规模稍大的英军攻势，但并未增加战果。这场行动对英军之后的战术有重要启示意义。

6月至7月，英军在叙利亚进攻维希法国军队。

7月5日，奥金莱克（Auchinleck）将军取代韦维尔（Wavell）将军，成为中东战区英军总司令；坎宁安（Cunningham）将军被任命为英国第8集团军司令。

7月25日至8月8日，英军开进波斯并镇压抵抗力量。

9月14日至15日，隆美尔奔袭索法菲（Sofafi）的代号为"仲夏夜之梦"（Midsummer Night's Dream）的行动。

11月18日至12月16日（严格地说应该到1942年1月17日在哈法亚投降为止），十字军行动（Operation Crusader）。英军起初达成奇袭，但最终经过四周血战而不是预想的三天方才获胜。在此过程中，里奇（Ritchie）将军取代坎宁安将军，成为第8集团军司令。

11月27日，东非最后的意军部队投降，该战区的战斗终告结束。

12月10日，盟军守卫的托布鲁克宣告解围。

1942年

1942年年初，德军的三号J型（英军称之为"三号特殊型"）坦克配备加厚的装甲，以及在1000码外仍有很强穿甲能力的长管50毫米炮。

1月21日，在英军对的黎波里塔尼亚发动杂技行动（Operation Acrobat）之前，德军在欧盖莱抢先发动反攻；英军大败，但伤亡依旧不多。

2月2日，英军占领贾扎拉（Gazala）防线，并准备实施鹿弹行动（Operation Buckshot），以重新夺取昔兰尼加。

5月，英军的6磅反坦克炮，有效射程达1500码；英军的"格兰特"坦克（即美制M3中型坦克）拥有更厚重的装甲，在炮塔处安装了37毫米反坦克炮，在车身侧面安装了多用途75毫米炮。

5月26日，贾扎拉战役，隆美尔开局达成奇袭，而英军未能翻盘。激战持续。直至6月20日，托布鲁克被轴心国军队占领。

6月25日，奥金莱克将军将里奇将军撤职，自己直接指挥第8集团军。

6月24日至27日，马特鲁港（Mersa Matruh）之战，英军面对数量处于劣势的敌军却可耻地败退，足见其士气之低落。

7月1日至26日，第一次阿拉曼战役，英军取得防守胜利，但仅此而已。

8月13日，伯纳德·蒙哥马利（Bernard Montgomery）将军被任命为第8集团军司令，亚历山大（Alexander）将军被任命为中东战区英军总司令，二者分别接替了奥金莱克将军的两个职务。

8月，德军的四号F2型（英军称之为"四号特殊型"）坦克配备更厚的装甲，以及在2000码外仍有很强穿甲能力的长管75毫米炮。

8月30日至9月7日，哈勒法山（Alam el Halfa）之战，英军取得防守胜利。

9月13日，对托布鲁克的两栖攻击失败。

10月，英军的"谢尔曼"坦克（即美制M4中型坦克）拥有更厚重的装甲，并在炮塔处安装了多用途75毫米炮。

10月23日至11月3日，第二次阿拉曼战役，英军取得进攻胜利。

11月8日，火炬行动，英国第1集团军和美国第5集团军在法属摩洛哥和阿尔及利亚登陆，并于11月12日从西面进入突尼斯。

11月，德军的六号虎式坦克，拥有非常厚重的装甲和无可匹敌的88毫米多用途主炮。

1943年

2月14日至25日，轴心国军队从西迪布济德（Sidi Bou Zid）向卡塞林（Kasserine）大举进攻，但最终被击退。

2月，德军的Nebelwerfer六管火箭炮。

3月6日，在梅德宁（Medenine）之战中，轴心国的新一轮进攻被击退。

3月，英军的17磅反坦克炮在性能上几乎与德国88毫米炮旗鼓相当。

3月20日至27日，从东边推进的英国第8集团军强攻轴心国的马雷特防线（Mareth Line）。

3月23日，美军在盖塔尔（El Guettar）成功挫败敌人的装甲反击。

4月6日，阿卡利特干谷（Wadi Akarit）之战，第8集团军打通前往昂菲达维尔（Enfidaville）的道路。

5月13日，突尼斯的轴心国部队最终投降。

奥康纳的战役

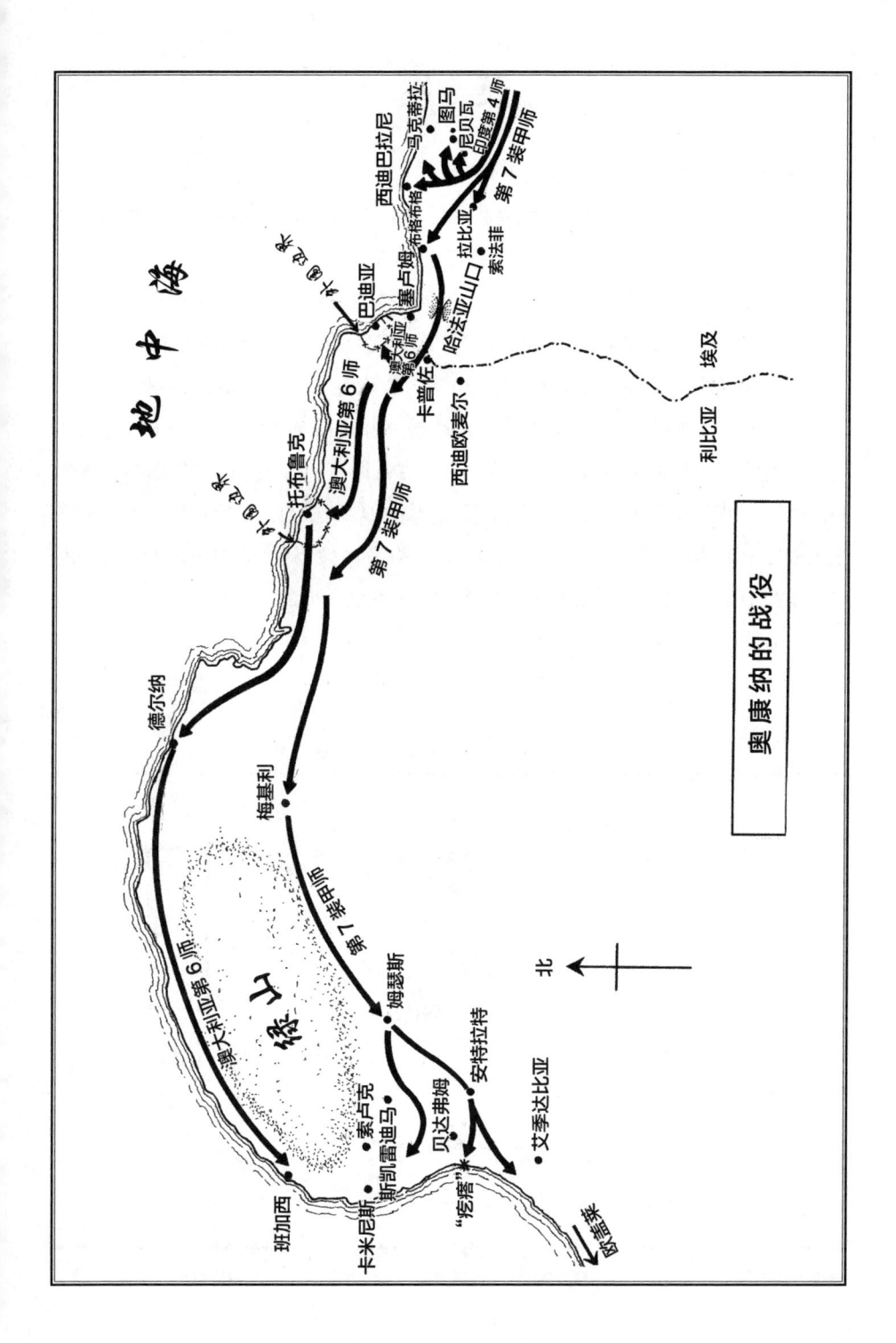

英　军

建军理念，1938 年至 1941 年

　　20 世纪 30 年代，英国皇家坦克队（后来更名为"皇家坦克团"）最极端、最固执也最成功的鼓吹者就是帕特里克·霍巴特将军（昵称"珀西"或"霍伯"），而此人恰好也是蒙哥马利将军的妻弟。在财政拮据的年代，霍巴特最担心的是坦克会被想要将预算挪作他用的政客抛弃，而这类政客在军内和军外都为数不少。为了给坦克辩护，霍巴特觉得自己责无旁贷，应该提出一种不太合理的极端主张，即坦克在现代战场上几乎能够独挑大梁。坦克并不需要传统的——不，是过时的——骑兵、步兵和炮兵提供太多帮助。坦克还拥有一切必要的装甲防护、火力和机动性，可以成为独立的"舰队"，凭一己之力攻城略地。霍巴特的这些论调在很大程度上沿袭自 J.F.C. 富勒（J.F.C.Fuller，昵称"瘦猴"）影响深远的学说，而富勒早在 1917 年就提出了关于坦克作战的前卫概念。但遗憾的是，富勒的理论在许多方面都脱离了现实。

　　坦克不需要各兵种的支援就能独立作战的理念是基于一个假设，即这种武器

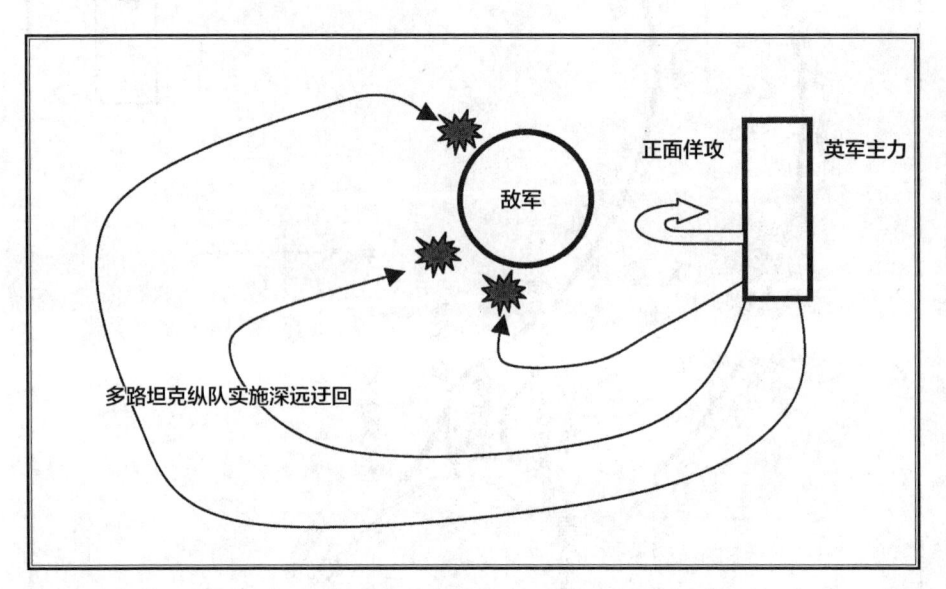

"富勒 - 霍巴特"的"作战方案"，其宗旨是教导装甲部队通过深远迂回机动来达成奇袭和包围。

拥有足以打赢任何战斗的装甲和火力，而且能在各种地形上保持高速行驶。坦克的主要优势是能够通过深远的迂回机动来达成奇袭。与此同时，其他依靠轮式车辆机动的兵种却无法跟上坦克，而且在敌方坦克面前无论如何都不堪一击。这套理念忽略了1917年的一些极为突出的实战教训，而富勒比其他任何人都更应该记住这些教训。例如，在第三次伊普尔战役中，坦克实际上只要离开公路就会陷进烂泥里，其他兵种反而能够脱离公路进行机动；后来，在康布雷战役（这应该是坦克在第一次世界大战中最辉煌的时刻）中，一个炮兵连就遏制了整个弗莱斯基埃（Flesquières）地段的坦克攻势。此役过后，反坦克炮成为坦克的主要敌手，这应该是无可争议的事实。然而，"富勒-霍巴特"学派却有意忽略这一点，并继续主张对付坦克的最佳武器永远是另一辆坦克。

对证据的误读

德军于1940年在法国取得的胜利似乎证实了上述理念。这使德国坦克在各家报纸的头版头条处风光一时，但事实上，德国坦克火力不足，装甲薄弱，而且始终是在诸兵种合成的体系内作战。德国装甲师的威力并不像英国报纸宣称的那样来自其坦克，而是来自其作为一支诸兵种合成的全机械化部队，在空中优势的庇护下所具备的强大机动能力。德国装甲师可作为完全一体化的整体实施作战，击败过时且反应速度远不如该师的步兵部队。在德国装甲师的编制中，起初坦克所占的比例非常大。但德国装甲部队的指挥官们无疑并不相信错误的"纯坦克"学说，而该学说却在英国流毒之久，令人感叹。

造成这种现象的主要原因之一是霍巴特在1938年被委以重任，负责指挥和训练驻埃及英军的装甲部队，而他将把这支部队组建为第7装甲师（该师后来因其跳鼠标志而获得"沙漠之鼠"的美名）。霍巴特在1939年就被解职，但在此之前，他已将自己那套荒谬学说的种子播撒到其门生心中。在1940年年末至1941年年初的那个冬季，如果这些战术学说在奥康纳将军发动的英军首次攻势中未能奏效的话，这件事本身可能还不至于造成多大灾难，因为失败也许会促使英军将领们反思。然而，对英国装甲战学说而言很不幸的是，面对一系列深远迂回的奇袭，意大利人败退得太快了，英军最终于1941年2月初在贝达弗姆取得完胜。这似乎完美地体现了"富勒-霍巴特"作战范式。

1940年7月，埃及，皇家坦克团第1营的一个Mk Ⅵ轻型坦克小队和几辆A9坦克（见背景）在一次演习中列队暂歇。没有人遵守被沙漠战术家们奉为圭臬的"宽正面散开"原则，不过手册上的理论本来就不一定会被照搬到实践中。通常，坦克只在进行公路机动时才会采用一路纵队。快速而灵活的Mk Ⅵ轻型坦克有很强的爬坡能力，曾是一种有效的"诱饵"，用来吸引敢想敢干的骑兵军官接受机械化。但在1940年年末至1941年年初的冬季战役中，该型坦克暴露出火力和装甲防护不足的致命弱点。（帝国战争博物馆，编号E438）

细究这段历史就可发现，许多决定性的战斗其实是由包含大量步兵和炮兵的诸兵种合成部队实施的，而且实战中最有效的坦克却是笨重的"玛蒂尔达"Mk Ⅱ步兵坦克——这种坦克在原教旨主义者的眼里是速度太慢且跟不上装甲师的"铁乌龟"。因此，第7装甲师运用"富勒-霍巴特"学说取得胜利的说法并不符合事实，但这一谬论却长期流传。

细究之下还可发现，第7装甲师的军官们非常清楚坦克如果停在地面上低矮的小丘后面，处于"车体下隐"的状态（在"炮塔下隐"的观察状态下，只有炮塔顶部的车长舱盖暴露在掩体上方；"车体下隐"的坦克则是将其炮塔暴露至刚好可以用主炮射击的程度），就可最大限度地发扬火力。当该师在1941年2月6日至7日把守贝达弗姆的路障时，这种技巧让其大占便宜并击退了总数超过100辆的意军坦克发起的轮番进攻。然而，沙漠地形也存在很难找到掩体的区域。在这种情况下，坦克无非有两种选择，即要么在开阔地形上短停射击（这可使坦克的射击精度很高，但会使坦克成为敌人的理想靶子），要么在移动中射击（这会降低坦克的射击精度，但会提高敌人击中坦克的难度）。基于种种原因，特别是装备了优于对手的炮塔助力旋转装置，皇家坦克团长期偏爱后一种选择，并为此进行了艰苦的训练。皇家坦克团相信无论在移动的坦克上还是在静止的坦克上射击，其射击精度几乎一样高。不过，这是否符合实际是有很大疑问的。在移动中射击的打法非常符合霍巴特极力向手下军官灌输的机动作战理念，但是当英军将其付诸实践时，这种打法也"很合德国反坦克炮手的胃口"。

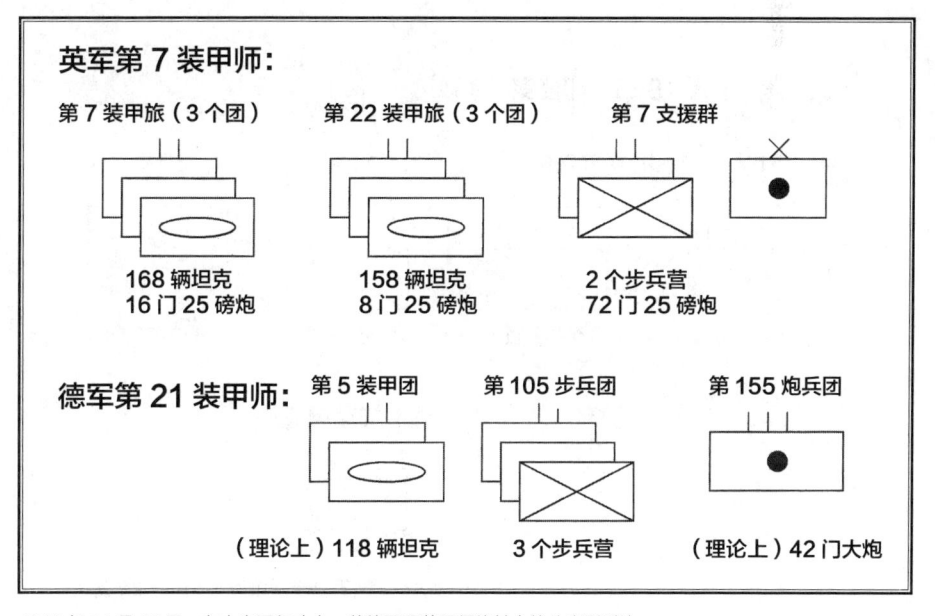

英军第 7 装甲师：

- 第 7 装甲旅（3 个团） 168 辆坦克 16 门 25 磅炮
- 第 22 装甲旅（3 个团） 158 辆坦克 8 门 25 磅炮
- 第 7 支援群 2 个步兵营 72 门 25 磅炮

德军第 21 装甲师：

- 第 5 装甲团 （理论上）118 辆坦克
- 第 105 步兵团 3 个步兵营
- 第 155 炮兵团 （理论上）42 门大炮

1941 年 11 月 18 日，在十字军行动中，英德两军装甲师的基本战斗序列对比。

第 7 装甲师有许多经验丰富、精通业务的人员在胜利后被立即调离前线，这导致英军战术学说含糊不清的问题更显突出。这些人一走，该师只留下胜利之师的光环和误导性的教学传统。对于这些传统，许多经验欠缺的后来者（即第 1、第 2、第 8、第 10 装甲师和几个独立装甲旅）只能忙不迭地全盘接受，因为这些部队并不比第 7 装甲师知道得多，也没有时间来适应新的环境。有一个因素也使英军更加坚信自己的偏见，那就是在 20 世纪 30 年代后期正式颁布的装甲师编制表。这套编制表规定 1 个装甲师下辖 2 个各装备 150 多辆坦克的装甲旅，而支援这 2 个旅的是仅包含 2 个摩托化步兵营和 1 个炮兵旅的"支援群"（Support Group）。在 1941 年 11 月的十字军行动中，第 7 装甲师甚至下辖 3 个装甲旅，总共拥有至少 450 辆坦克。相比之下，1941 年的德国装甲师在理论上仅包含 2 个各装备 59 辆坦克的坦克营，其支援力量则是 1 个步兵旅（下辖 2 至 4 个步兵营）和 1 个炮兵团。换言之，在英国装甲师里，每个步兵营要支援多达 150 辆（十字军行动开始时是 225 辆）的坦克作战，而德军觉得让每个步兵营支援 30 至 59 辆坦克就足够了。

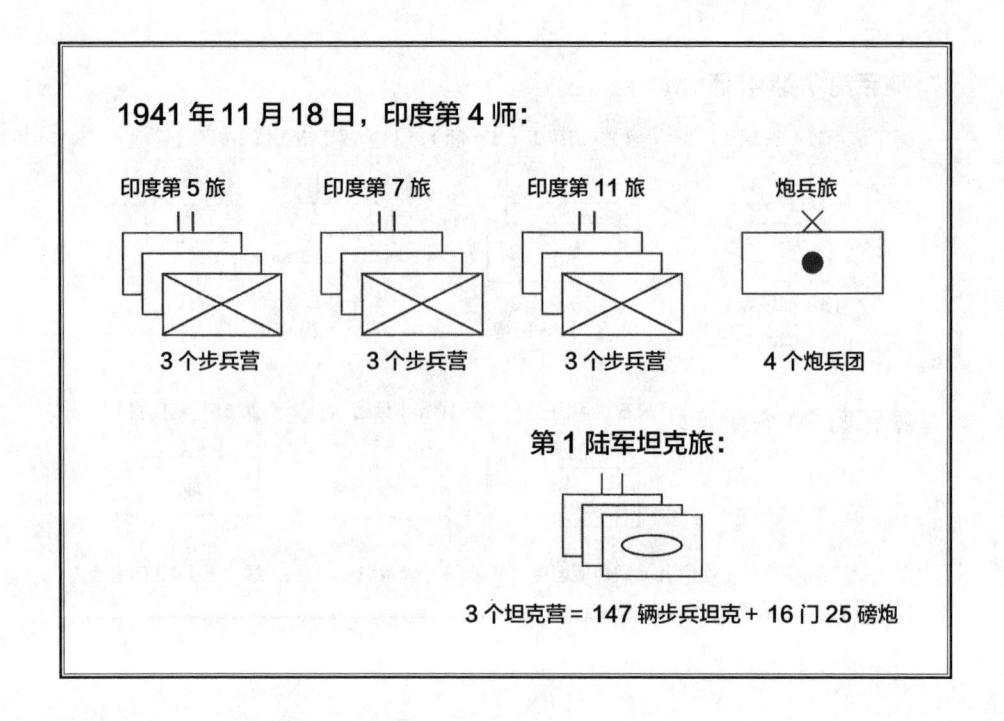

1941 年 11 月 18 日，印度第 4 师：

印度第 5 旅	印度第 7 旅	印度第 11 旅	炮兵旅
3 个步兵营	3 个步兵营	3 个步兵营	4 个炮兵团

第 1 陆军坦克旅：

3 个坦克营 = 147 辆步兵坦克 + 16 门 25 磅炮

港口卫队和苏格兰佬支队

以上种种问题本已很糟糕，而英国装甲兵对自家步兵和炮兵（包括炮兵的反坦克炮）的态度更使这些问题雪上加霜。因为"富勒 - 霍巴特"学说认定坦克可以完全独立地承担主要战斗，所以战前的训练已把装甲师的支援群降格成了非常边缘化的角色。这样,支援群承担的任务几乎就仅限于保护所谓的"坦克港",而那里是疲惫的装甲武士们经过一天的大战后补充燃油、弹药和其他给养的地方。换句话说,对于"坦克战"本身,支援群最多派出少数炮兵和步兵分队参与即可。这套学说被提炼为1941年5月发行的《陆军第3号训练指令:装甲师的运用》(Army Training Instruction No.3: Handling of an Armoured Division),而且其影响之大,也在实践中得到反复证实,因为我们可在战史中一次又一次地看到英军支援群的主力被部署在主要战场之外,无所事事(参见本部分彩图D的小插图2)。这与德军的做法截然相反,成功的概率也相应地比德军的小得多。

维多利亚十字勋章获得者、魅力出众的J.C.坎贝尔(J.C.Campbell,昵称"苏格兰佬",皇家骑炮兵第4团的军官,该团隶属第7装甲师支援群)中校似乎早在1940年9月就对支援群的配角地位感到极度厌倦,于是他自行组织了"苏格兰佬支队"(Jock Columns)。该支队包含除坦克外的所有兵种,专门从事"游猎行动"(即寻找机会,进攻敌军软皮运输车队的行动)。通常,一个这样的支队包括1个25磅炮连、1个摩托化步兵连、1个装甲车小队、1个反坦克炮(2磅炮)小队、1个轻型高射炮(40毫米"博福斯"高射炮)分队,外加通信兵、卫生兵之类的支援人员。苏格兰佬支队将在1941年活跃一整年。到当年年底,随着交战双方的主力坦克部队都毁于十字军行动,该支队甚至又重获新生。苏格兰佬支队最大限度地利用机动性和突然性去打击敌人,同时又让支援群能够有所作为。这种打法看似代表了一种积极主动的勇敢精神,但在日后却被批评为"撒胡椒面",是分散使用兵力的浪费之举,尤其是浪费了炮兵力量。批评者认为,苏格兰佬支队的打法恰恰体现了英军将坦克集中用于一处,将大部分支援兵种用于另一处的作战习惯。与步兵师的传统作战思维相比,这样的打法又是一种严重的离经叛道之举,因为至少从1916年索姆河战役后期开始,英军步兵师就已习惯将各兵种集中于一处作战。英军步兵师的炮兵尤其重视这一作战原则,往往一整个旅会用其72门火炮去轰击一个目标,而不会执行1941年在沙漠战场上已成为家常便饭的小股分散任务。

步兵坦克与巡洋坦克

英军的问题可能要部分归咎于其对坦克类型的死板划分,也就是把坦克分为速度缓慢、专门跟随步兵以提供近距支援的步兵坦克，以及机动灵活、应该体现传统上属于骑兵的一往无前精神的轻型坦克和巡洋坦克。这种划分源于历史悠久且根深蒂固的兵种间矛盾，而它成为金科玉律是在 1938 年。这一年，英军骄傲的旧式骑兵团多少有些突兀地实行了机械化。出于政治原因，英军必须让骑兵们相信其承担的基本角色并未改变，因此配发给他们的装备往往是装甲车或比较轻型的坦克。历来受到骑兵鄙视和怀疑的皇家坦克团也有自己的传统，尽管其思路与骑兵的如出一辙。

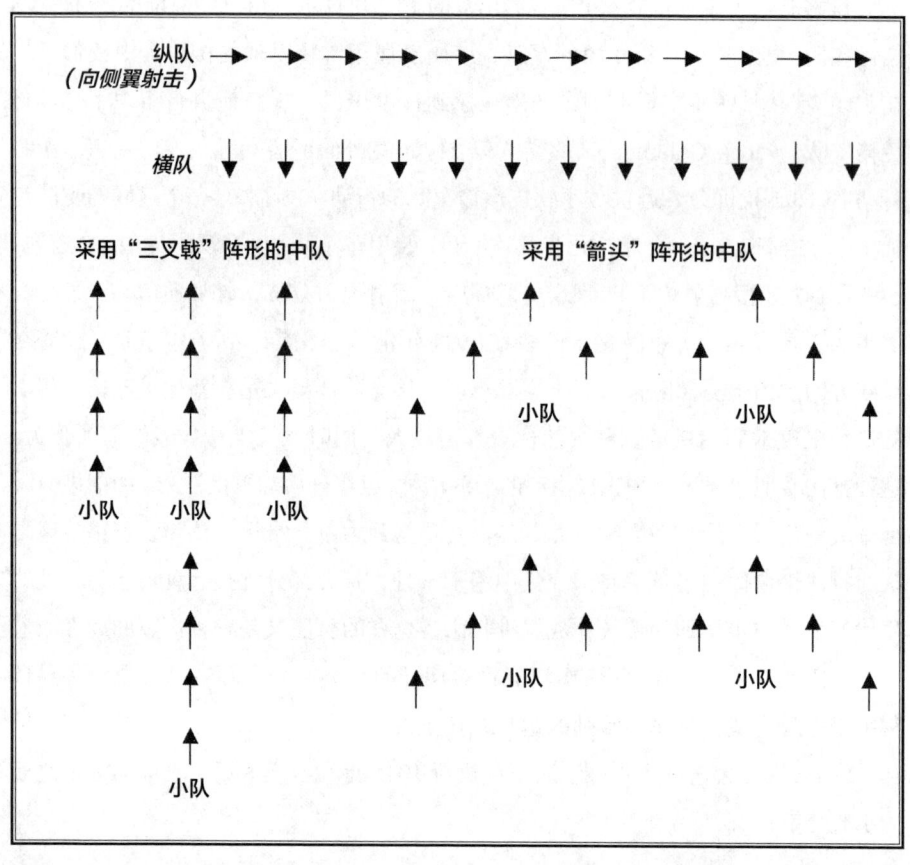

英军坦克部队（皇家坦克团各营或装甲骑兵团）的进攻阵形。实战中，似乎从来都没有人严格运用从手册上学到的阵形，例如舍伍德游侠团的基思·道格拉斯（Keith Douglas）就写道："我从那些曾在法国和沙漠中参加战斗的人的零散回忆中得知，他们从没费心执行过我们在训练场上学到的机动。"车与车的间距也是如此。该间距理论上应超过 100 码，而实际上却是千变万化的。

这是一幅罕见的景象，英军的卡车严格按照官方战术条令（既适用于装甲车辆，也适用于软皮车辆），以很大的间距行军。从表面来看，这一战术条令是为了尽量减少暴露在空袭下的目标，但笔者认为，它还具有拉大任何队形的正面宽度的潜在作用。这张照片似乎是从铁道旁的给水塔的顶上拍摄的，地点很可能是在1942年的阿拉曼附近。请注意背景中两辆卡车车身后烟尘的方向，以及前景中卡车并未扬起烟尘的情况，这很可能是由当地地理条件的微妙差异造成的。（坦克博物馆，编号1057/A4）

在1917年11月20日的康布雷战役中，令皇家坦克队苦恼的是自己没有任何能够承担纵深突破任务的装甲战斗车辆。这一任务就被留给了骑兵，结果骑兵彻底失败了。对这场失败感受最痛切的人也许就是富勒，而且也是他在极力宣传以中型坦克替代骑兵来承担突破任务的主张。英军在八个月后的亚眠战役中有所进步。当时，在重型坦克伴随步兵拿下第一批目标后，英军一个不仅有骑兵，还有装甲车和"赛犬"（Whippet）快速坦克的机动能力更强的集群承担了"突入敌后原野"的任务。尽管该集群没能成功，但其取得的进展至少比在康布雷单靠骑兵取得的进展大得多。因此在20世纪20年代和30年代，皇家坦克团一直钟情于相对较轻的快速坦克，而不是行动缓慢的重型坦克。来到沙漠以后，皇家坦克团不仅热衷于发挥机动性，也热衷于机动性的终极表现方式——正面强冲，这种做法后来被（不祥地）称为"巴拉克拉瓦式冲锋"[①]。

步兵学说

相比之下，英军步兵师熟练掌握的一种作战技巧是在炮兵的密集火力支援下，步兵以从容不迫的短促突击攻打敌方阵地，而且最好是在夜间攻击。按照理想情况，步兵坦克应被纳入此类作战计划，并承担其在1916年至1918年的西线成功扮演的辅助角色。实际上，当英军于1940年至1943年为下辖3个旅的满编步兵师配备了1个大约装备150辆坦克的陆军坦克旅（Army Tank Brigade）时，这种混成编制在距离有限的进攻作战中就成为极其强大的"利器"。这样的步兵师在装甲兵与其他兵种的比例上与德国装甲师相差不大，因此在成功的概率上也显著大于那些坦克所占比例大到荒谬的英国装甲师。

20世纪30年代后期，英国陆军成为最早组建近乎全机械化部队的几支军队之一。但除了运输工具有所改善，英军此时的步兵师与1918年时的步兵师在本质上无异。布伦机枪已取代刘易斯机枪，成为班用轻机枪。有一定数量的装甲车可用来搭载布伦机枪，还可将各种其他物资运往前线。炮兵换装了现代化的25磅加榴炮（88毫米口径），甚至每个营还配发了少量电台。所有这一切都意味着，英军的后勤能力需要在一定程度上得到加强，才能支持一线部队使用的新式车辆和装备。然而，与第一次世界大战末期相比，英军步兵师在其他方面几乎毫无变化。其士兵习惯住在狭长的战壕里，主要在夜间跃出战壕进行战斗。这些士兵往往能出色地完成作战任务，尤其是在得到炮兵和步兵坦克充分支援的情况下。但在沙漠环境中，他们的机动运输车辆常常需要后撤到敌军视线之外，这就使他们失去了机动手段。这种情况直接导致步兵渴求坦克支援，但坦克支援很少能随叫随到，坦克手反而还经常指责步兵。英军步兵与装甲兵的关系很少有融洽的时候，只有步兵坦克组成的、专门负责支援特定步兵部队的陆军坦克旅是特例。

[①] 译者注：在1854年的巴拉克拉瓦战役中，由于指挥失误，英军轻骑兵旅对居高临下的俄军炮兵阵地发起自杀式冲锋。这次冲锋伤亡惨重，得不偿失，但在各路文人的渲染下，却被英国民间视作一次壮举。

意　军

　　英军最初需要面对的敌手是意军。意军想要夺取埃及，却没用其一流部队来执行这个任务。意军尤其缺乏机动运输车辆，这意味着其步兵几乎没有机动能力且总是缺少补给。意军的装甲力量也严重不足。1941年1月，意军在利比亚有14个步兵师，却只有1个装甲旅，而且其车辆的质量还很低劣。事实很快就证明，意大利将军们远比他们的下级军官、士官和士兵本事大。他们精通筑垒营地的布局，知道如何为其布置强大的雷场并提供炮兵支援，还在巴迪亚（Bardia）和托布鲁克设置了水泥地堡和反坦克壕。但是，意军的步兵，尤其是号称精锐的"黑衫军"不仅训练水平低，而且装备也很差。意军很难充分利用现成的防御工事，还很容易被后方出现的英军机动纵队分割包围。在1940年年末至1941年年初的冬天，每当大英帝国的步兵与炮兵在"玛蒂尔达"步兵坦克的支援下发起井然有序的夜袭时，意军的防御就会土崩瓦解。同样的筑垒阵地如果由能力更强的部队把守，那情况就会好得多。在始于1941年4月的、长达八个月的托布鲁克围攻战中，以澳大利亚士兵为主力的守军进行的顽强抵抗就是明证。

1942年，一个意大利步兵排正在演习进攻。他们试图使用火力掩护加机动的技巧，但实际上，他们排成了第一次世界大战时采用的队列。在完全无遮掩的地形中，如此密集地挤作一团，这无异于送死。尽管6.5毫米M1930布雷达轻机枪因可靠性差而声名狼藉，但令人惊讶的是，照片中的这20多人就装备了4挺该型机枪。照片中央那个肩挎卡宾枪的人是军官。（私人收藏）

长期以来，意大利陆军不仅缺乏训练、运输车辆、装备和补给，也缺乏有经验的连级军官和士官。因此，意大利陆军的战术大体是死板而保守的。此外，因为在连排级别天生擅长带兵的军官太少，而无法将机动灵活、随机应变的精神注入整个体制，所以一旦作战行动出了岔子（这几乎是必然会发生的），意军也无法快速应对。在这样的背景下，意军的进攻几乎注定是可预见的、代价沉重的正面强攻；其防守则是静态的线式防御，不会运用反击或积极防御的理念。在这种种因素的影响下，格拉齐亚尼的军队不仅打得糟糕，而且损失惨重（被歼灭的部队超过 9 个师），还成群结队地投降。这使得意军在英国人民心中留下不可磨灭的无能的印象，也成为不会令人失望的笑话来源——在那个英军自身也损失惨重、苦苦挣扎的时代，这是不可多得的安慰。

这样的刻板印象却掩盖了一个事实，那就是意军的作战能力在 1941 年 2 月贝达弗姆之战中惨败后几乎立刻开始恢复。当时，意大利国内正在推行制度改革。在这些改革中，尤为重要的是压制"重政治、轻军事"的"黑衫军"各师，并用战斗力更强的部队取代之。与此同时，意军在利比亚有 5 个步兵师尚未被歼灭。这几个师很快就得到增援，并进行了重组，换装了新式装备。不久后，意军的这些部队就会在隆美尔的铁腕领导下转入进攻。诚然，意军的机动运输车辆在很大程度上仍不能满足需求，但当其抵达托布鲁克郊外时，就可被用于意军熟悉的静态防御任务。意军把守着围绕该要塞的包围圈，逐渐积累了实用的战斗经验。而最重要的事件也许是"公羊"（Ariete）装甲师、"特伦托"（Trento）摩托化师和"的里雅斯特"（Trieste）摩托化师的相继到来。这几个师是第一批被投入这片战场的意大利正规机械化部队。这些部队经验丰富，拥有不少在西班牙内战中见过血的老兵，而当初指挥其作战的巴斯蒂科（Bastico）将军此时也到了利比亚。

1941 年与 1942 年的改进

"公羊"装甲师和"的里雅斯特"摩托化师将合编为第 20 机动军，并将为意军塑造出一种全新的、远比以往强悍的战斗风格。英军遭到当头棒喝是在 1941 年 11 月 19 日的古比井（Bir el Gubi）。当时，斯科特-科伯恩（Scott-Cockburn）准将的第 22 装甲旅在只有 8 门野战炮支援的情况下，未经侦察就一头闯进了意军阵中。意军沉着应战，其第 132 坦克团还发动了有力的反击。经过不到四小时的战斗，英军第 22 装甲旅的坦克折损近半。据一份战报称，到黄昏时，该旅只剩 10 辆坦克还可作战。这一仗本该给那种深入人心的对意大利军人的刻板印象（源自此前影像资料中兴高采烈、闲庭信步地走进俘虏营的大批意大利战俘）一记响亮的耳光，但在当时却未得到应有的认识，而且时至今日，英方文献对这场仗的报道依然不足。

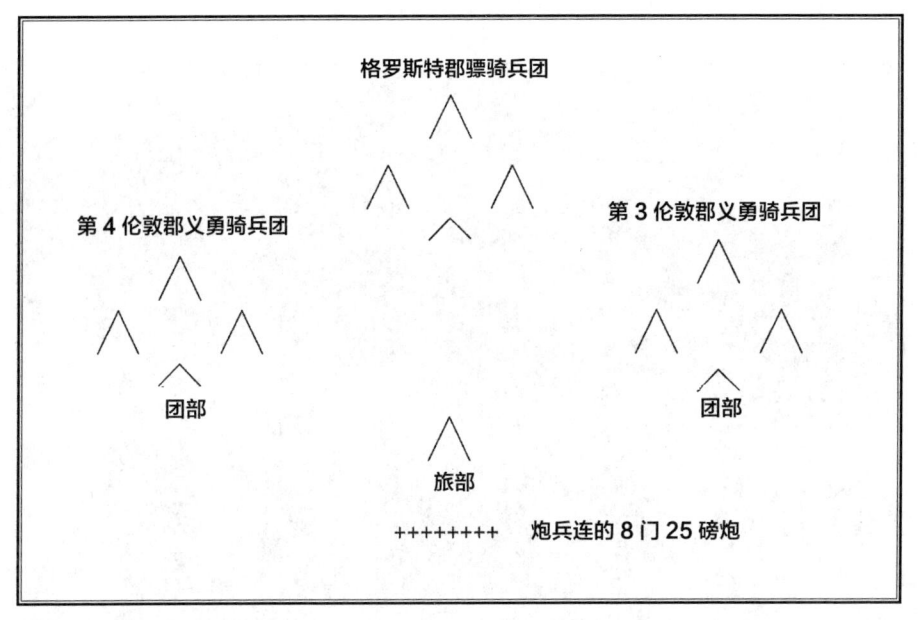

```
                        格罗斯特郡骠骑兵团
                              ∧
                             ∧
                             
第 4 伦敦郡义勇骑兵团    ∧        第 3 伦敦郡义勇骑兵团
         ∧                             ∧
        ∧                             ∧
       团部             ∧              团部
                      旅部
                 ++++++++  炮兵连的 8 门 25 磅炮
```

1941 年 11 月 19 日，英军第 22 装甲旅排成三个团级"箭头"阵形，进攻古比井。按照编制，每个中队拥有 16 辆坦克，团部有 4 辆，旅部有 8 辆。该旅坦克在意军"公羊"装甲师和"的里雅斯特"摩托化师的打击下折损近半。

这一时期，就连墨索里尼的政治部队也有出色的战斗表现，"法西斯青年"（Giovani Fascisti）机械化侦察群就证明了这一点。1941 年 12 月 4 日，还是在古比井，该侦察群击退了印度第 11 旅的多次进攻。此战中，意军又承担了静态防御的角色。但这一次，意军在阵地上死战不退，而且其步兵、野战炮、反坦克炮和轻型坦克实现了有效协同。

在 1942 年 5 月至 6 月的贾扎拉战役中，意军再次在隆美尔的计划中扮演重要角色。意军一方面以步兵作为屏护，在战线北段牵制大英帝国部队，一方面以第 20 军组成隆美尔的一部分机动矛头，绕过战线南翼，发动奇袭。后者经历了异常艰苦的战斗，并在 7 月紧随德国非洲军的前锋，一路追杀至阿拉曼。在此期间，意军还得到"利托里奥"（Littorio）装甲师和"闪电"（Folgore）伞兵师的增援。这两个师始终表现出色，直至在 11 月初的总溃败中消耗殆尽。事实上，阿拉曼战线上的所有意大利部队都忠实地履行了自己的职责，这些部队没能杀出重围只是因为德国盟友窃取了其所有的机动运输车辆和燃油。

意大利"帕维亚"（Pavia）步兵师的官兵正在检查（或维修？）于 1940 年 9 月从皇家坦克团第 1 营手中缴获的一辆英国 A9 坦克。这张有趣的照片拍摄于 1942 年 7 月。在两年跌宕起伏、变幻莫测的战事中经历了无法想象的冒险后，这辆坦克显然已在意军中服役，也许是在该师编制内被用于支援步兵的。（私人收藏）

在 1942 年年末至 1943 年年初的冬季，当突尼斯面临着来自东西两个方向的威胁时，两大轴心国都匆忙派出增援部队。这一次，意军虽然在武器数量和质量上都远逊对手，但依然打得相当顽强。尤其是，梅塞（Messe，此人在苏联前线取得很多战功）将军的到来使意军倍受鼓舞。然而，当梅塞抵达突尼斯时，当地的战略形势已经因连续两年的投入不足而彻底崩坏。造成这种局面的一个重要原因是墨索里尼毫无必要地向苏联派出 10 个师组成的大军，还送去了至少

22000辆卡车。这些资源哪怕只有四分之一在1942年被送到非洲,都有可能扭转那里的战局。

德　军

　　与英军和意军形成鲜明对比的是，德军对大规模运动战的大力研究大致始于1866年，甚至可以追溯至拿破仑时代沙恩霍斯特（Scharnhorst）、格奈森瑙（Gneisenau）和克劳塞维茨（Clausewitz）的参谋工作。德军在来到利比亚时还积累了大量最新的机械化战争经验，而这些经验由一个于1936年被派往西班牙的指导与观察装甲部队的军事使团带回。在1940年的法国会战中，英军能够投入战斗的机械化部队仅仅略多于一个装甲旅，而德军却动用了十个齐装满员的装甲师。德军其实从未从1918年后的英国机械化战争理论家那里获取多少灵感。但富勒和B.H.利德尔·哈特（B.H.Liddell Hart）这样的自吹自擂之徒后来在不同场合都

1941年夏，德国非洲军的一辆三号G型坦克的车组乘员正在休憩。他们有的在读家信，有的在整理个人内务。坦克的枪炮都套上了护套，以防内膛被飞扬的沙砾侵蚀。在沙漠战场上，三号坦克在德军阵中相当于英军的巡洋坦克。换言之，这种坦克的主要任务是对抗英军的装甲车辆，打那种按照惯例（但往往也有误导性）的所谓的"坦克战"。该车组所在的砾石沙漠上似乎有大量灌木丛。这些灌木虽然都很低矮，但对于架设在半埋掩体中的反坦克炮来说是改变其轮廓的绝佳伪装。（私人收藏）

宣称德军受到了他们的启发，而一些德国将军，尤其是海因茨·古德里安（Heinz Guderian）在自己身陷囹圄、前途未卜之时也对此表示认可。但是，从档案中可以清楚地看出，这绝不是他们的真心话。[3]

　　实际情况是，德国的参谋军官们在 1941 年以前就基于他们历史悠久的传统军事学说，发展出了自己的机械化战争理念。其中的一种理念要求对军队可获取的每一种新式机器或武器进行客观分析。这就与英国理论家们形成了鲜明对比。后者以某种神秘主义的态度坚信坦克一举颠覆了以往所有的战争理念，而且不需要借助其他任何因素，天生就能获胜。在这个领域，英国人算是"神创论者"，而德国人却坚定地信奉"进化论"。另外，在 20 世纪 30 年代，希特勒借助其个人权威，成立了统一的德国装甲兵。这对德军来说是有益的，因为德国装甲兵将免于重蹈英国同行的覆辙，而后者是一群戴着形形色色帽徽的人，他们为了保住各自的传统地位，本能地钩心斗角。无论是否操作新式装甲车辆，德国装甲师的全体官兵都被鼓励先将自己视作一名新的精英集体的成员，并以务实的态度精诚合作。德军的非坦克部队往往也会在其番号前加上响亮的"装甲"（Panzer）一词。

战术原则

　　一些德军坚信不疑而英军通常不以为然的战术原则列举如下：

　　(a) 机械化打击部队应始终作为一个诸兵种密切协同的集体实施作战。"化整为零"并不是理想的做法，在德国空军相对于皇家空军占据优势的时候尤其不值得提倡。

　　(b) 在诸兵种合成的集体中，整体的机动速度必然由最慢的车辆决定。因此，坦克不得自顾自地飙车而把其他兵种甩在后面，也不得冒险进入其他所有车辆都无法通行的地形中，除非是在极小的范围内。在任何情况下，速度快对坦克来说都不是特别值得夸耀的优点，但可靠的机械性能对一切车辆而言都是重中之重。

　　(c) 如果车辆抛锚，务必将其回收并从速修理。机械修理是维持车辆机动性的必要组成部分，这一点在德国坦克远少于盟军坦克的情况（这也是沙漠战争中的常态）下尤为重要。同样重要的是，要在战斗结束时控制战场，这样就能回收受损的车辆，从而获得巨大的回报。

(d) 在黑暗中修理车辆的难度极大，除非使用泛光灯照明。这很可能会将你的位置暴露给敌人，但至少能让你在天亮以后、敌人准备发起进攻时有更多的车辆可用。

(e) 诸兵种合成部队的凝聚力在很大程度上有赖于良好的无线电通信。在这方面投入的任何资源都不会被浪费（同样值得注意的是，直到第一次阿拉曼战役为止，德国非洲军在截获和破译敌方通信方面都明显优于英国第8集团军）。

(f) 最最重要的也许是火力，这是任何战斗成败的关键。这一点，隆美尔在1940年的法兰西会战中就已明确提出。在实施其他任何行动之前，一定要用高爆炮弹猛烈轰击敌方阵地，尤其是敌方的反坦克炮阵地。只有在炮击之后，你才能判断敌人是否已被削弱到你能够发起突击的程度。四号坦克应该在大约2000米的距离上发射高爆弹，而野战炮的开火距离应该再远一点。

德国105毫米lfH 18野战炮，这是隆美尔的利器。与1941年的英国对手不同，隆美尔相信任何作战的开端都应尽可能地使用猛烈的火力打击，尤其是要用好炮兵和四号坦克发射的高爆弹。他根据1940年5月在法国获得的经验写道："我在一次又一次的遭遇战中发现，胜利总是属于首先用火力痛击对手的一方。"（私人收藏）

被称为"沙漠之狐"的隆美尔站在他的"霍希"（Horch）指挥车里，位于该车旁边的是一辆意大利M13/40坦克。隆美尔"声名狼藉"的嗜好之一就是他总会出现在任何战斗的主攻地点上，这是他为了更好地了解现场情况，从而更快地做出相应的指挥决策。与之形成鲜明对比的是，他的英国对手在指挥第8集团军时几乎总是留在后方，通过长长的指挥链（经过团、旅、师、军各级）遥控部队，而且其中的每个环节都会延长报告传递和命令下达的时间。对于战场上出现的新情况，英军往往要过24小时才能做出应对，而在1942年6月初的阿伯丁行动（Operation Aberdeen）中更是花了大半个星期。（坦克博物馆，编号3182/B2）

(g) 战斗的每个阶段都必须细致地侦察：要先判定敌军的实力和部署，再判断其被火力压制的确切程度。只有指挥官确信敌军防御阵地的反坦克炮已被压制时，部队才能从最初的火力打击转入旨在拉近距离的全力冲锋；如果未被压制，部队通常会后撤并完全取消作战。只有在罕见的特殊情况下，上级的作战命令才会推翻一线指挥官基于战场实际情况做出的纯粹的战术决策。

(h) 笔者不太清楚德军如此强调的此类侦察是否包括步兵的徒步侦察。徒步侦察在传统的英军作战条令中无疑占有重要地位，而在澳军条令中更甚。目前笔者认为，德军的侦察理念似乎不包括徒步侦察，而仅限于由机动车辆实施的侦察。

除了遵循这些基本原则，德军还耍过多种战术性"花招"。其中一个重要的招数是将反坦克炮既用于单纯的防御，又用于进攻。因为运用了这一招，无论何处出现敌军坦克，德军都有可以随时投入战斗的牵引式反坦克炮。这一招也常常让英军措手不及。事实上，德军任何车队的反坦克火力都因此而成倍增强，而且敌人往往无法在一定距离外发现体型低矮的牵引式火炮，因为它们会被坦克或牵引车扬起的大片烟尘掩盖。德军的另一个惯用招数是在日头较低时背对阳光发起进攻，从而使敌军炮手不得不顶着刺眼的阳光进行瞄准。例如，在与英国第8集团军对战时，德军通常会在临近日落时向东发起冲锋。

德军指挥官，尤其是隆美尔，还有靠前指挥的习惯。隆美尔总是会出现在战斗最激烈的地段，亲自指挥那里的战局。这样做往往有利于其视野范围内的战事，但也会把他的参谋们逼疯，因为在需要做出重要的战役决策时，他总是不在自己的指挥部。有些批评家评价隆美尔是全军最优秀的营长，但也许不是第一流的参谋军官。

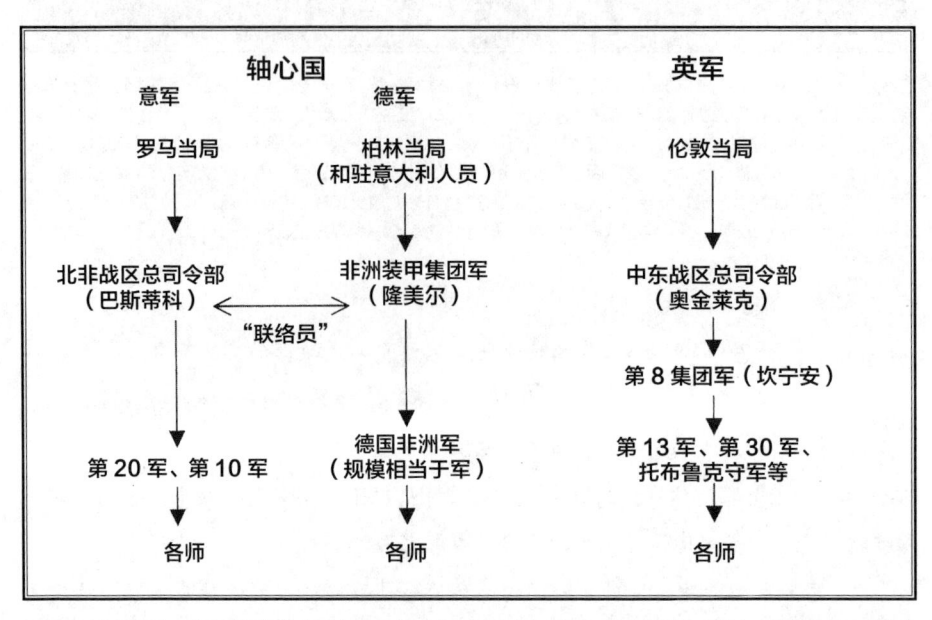

轴心国		英军
意军　　　　　德军		
罗马当局	柏林当局 （和驻意大利人员）	伦敦当局
↓	↓	↓
北非战区总司令部 （巴斯蒂科）　←"联络员"→	非洲装甲集团军 （隆美尔）	中东战区总司令部 （奥金莱克）
		↓
		第8集团军（坎宁安）
↓	↓	↓
第20军、第10军	德国非洲军 （规模相当于军）	第13军、第30军、 托布鲁克守军等
↓	↓	↓
各师	各师	各师

相较于轴心国军队，英军的指挥链多一个环节（在第8集团军这一级），军队规模也大得多（这就需要更庞大的参谋队伍）。虽然意军与德军常有分歧，但两套平行的指挥班子其实对轴心国是有好处的，因为和机构臃肿的英军指挥部相比，二者各自的指挥班子都显得小而灵活。

硬件对比

就坦克本身而言，英军在间战期因军费过于拮据而无法正常研发装甲战斗车辆，而且似乎总会有一些令人尴尬的原因导致英国军工产业迟迟造不出兼具出色的速度和装甲的坦克。这种怪象又反过来加强了英军既有的教条主义思维，即任何战车都只能在速度和装甲之间二选一，不可得兼。于是，"沙漠之鼠"们不得不在速度快但装甲薄弱的巡洋坦克和速度慢但装甲厚重的步兵坦克之间选择。他们对此也无怨言，直到在战场上吃了大亏才如梦方醒。到头来，真正在速度和装甲之间取得令人满意的平衡的坦克当数美国的 M4"谢尔曼"（在 M3"李"坦克或 M3"格兰特"坦克的基础上发展而来），但这种坦克直到 1942 年年末才到货，而该型坦克此时可以说已快成明日黄花。更让人汗颜的是，理想的英国造主力

一辆"格兰特"坦克的驾驶室（见本部分彩图 G 的小插图）。M3 中型坦克不同寻常的车体设计使得驾驶室出奇地宽敞。请注意驾驶员左肩后方的无线电收发机和前方敞开的硕大的观察窗口。和其他坦克的窗口相比，这个窗口似乎大得令人羡慕，但在坦克行驶时会导致许多沙土进入车内。战斗时，该窗口必须关上，而驾驶员不得不通过细小的、容易使人迷失方向的观察狭缝（如照片中驾驶员左侧的那个狭缝）来窥视车外。（坦克博物馆，编号 2729/E2）

33

坦克或主战坦克，即性能出众的A41"百夫长"坦克要到战争临近尾声时才会登场，但为时已晚。

在坦克的武器方面，有两大因素严重限制了英军。第一个因素是用6磅反坦克炮（口径为57毫米）取代2磅反坦克炮（口径为40毫米）的计划被推迟了一年。当时，大量原有的2磅反坦克炮在敦刻尔克战役中损失了。出于军工产业方面的原因，英国人认为按照旧设计生产大量火炮来填补空缺是当务之急，而此时若生产新式火炮，部队获得的火炮就会少得多。到了1941年，2磅炮与当时世界上最好的反坦克炮相比已有很大差距，但仍是北非战场上最好的坦克主炮，其击穿轴心国坦克的能力要强于后者击穿英国坦克的能力。在纯粹的坦克对坦克的较量中，英军或许可以抱怨坦克的装甲比敌人的薄，但很少会宣称其主炮的威力不如对手的大。

1941年12月，一门在十字军行动之后的战斗中被击毁的英国2磅反坦克炮，其炮盾被打了个窟窿。击毁这门炮的似乎是一发50毫米穿甲弹，而且这发穿甲弹可能是由牵引式反坦克炮或三号坦克发射的。2磅反坦克炮本该在1941年就被威力大得多的6磅反坦克炮取代，但1940年法国的沦陷导致相关的生产计划被推迟一年。第一批6磅反坦克炮直到1942年5月才抵达战场，刚好赶上贾扎拉战役。（帝国战争博物馆，编号E7060）

A22/"丘吉尔"Mk Ⅰ近距支援步兵坦克,在炮塔处安装一门2磅反坦克炮,在车体前部装有一门3英寸榴弹炮。与M3"格兰特"坦克一样,由于主炮安装位置过低,这种坦克无法在"车体下隐"的状态下用主炮射击。在政府的执意要求下,A22坦克在极不成熟的情况下被匆忙投产,以至于其生产商沃克斯豪尔汽车(Vauxhall Motors)公司为交付的每辆坦克都附上了纸质的致歉书和免责声明书。不过,A22的后期改进型号会采用将主炮安装于炮塔中的常规布局,并将成为可靠且受人欢迎的武器。1943年4月26日,在突尼斯的后野山(Longstop Hill),安装6磅炮的"丘吉尔"Mk Ⅲ坦克利用自身拥有的超出其他任何已知坦克的爬坡能力,突袭并击败了敌军。英方军长笑称"丘吉尔"坦克是他的"山羊"。(坦克博物馆藏品,帕迪·格里菲思拍摄)

　　6磅反坦克炮要到1942年春才进入英军服役,而其后继型号——威力十足的17磅反坦克炮(口径为76.2毫米)更是姗姗来迟,要到1943年3月才开始服役。这两者都是牵引式火炮,而其坦克车载型号服役的时间都要晚得多。在1942年10月的第二次阿拉曼战役中,只有100辆"十字军"Mk Ⅲ坦克安装了6磅炮;在1943年1月的突尼斯,只不过又有一些"丘吉尔"Mk Ⅲ坦克装配了6磅炮。在1942年年底以前,其他英国制造的坦克几乎都以2磅炮作为其主炮,只有极少数例外安装了近距支援的榴弹炮,而最轻的几种坦克充其量只有机枪。美国的M3"斯图亚特"坦克(英军称其为"甜心")有一门在威力上与2磅炮大致相当的37毫米炮。直到美国的M3"格兰特"坦克和M4"谢尔曼"坦克先后在1942年春和当年年末抵达北非,英军才有了口径更大(75毫米)的坦克炮。更让英军高兴的是,这种火炮不像2磅炮那样只能发射穿甲弹,它还能发射高爆弹(6磅炮也是如此)。

坦克车组人数、燃油和电台比较

为了达到最高效率，1辆坦克通常应配备1个4人或5人的车组。如果坦克使用的是汽油，而非柴油（这种燃料在坦克中弹时的起火概率较小）或高辛烷值的航空汽油（起火概率较大），那后勤方面会比较便利。请注意，这个列表忽略了特殊的指挥坦克、近距支援坦克等。

坦克	车组	燃油	电台
德国			
一号坦克	2人	汽油	指挥坦克，2台收发机
二号坦克	3人	汽油	最初排长车有1台收发机，其余各车仅有接收机；后来全都配备了收发机
三号坦克	5人	汽油	同上
四号坦克	5人	汽油	同上
意大利			
L3/CV3	2人	汽油	无
M11/39	3人	汽油	无
M13/40和M14/41	4人	柴油	无
英国			
A12/"玛蒂尔达"MK Ⅱ	4人	柴油	收发机
"瓦伦丁"	3人*	柴油	收发机
Mk Ⅵ轻型坦克	3人	汽油	收发机
A9/Mk Ⅰ巡洋坦克	6人	汽油	收发机
A10/Mk Ⅱ巡洋坦克	4人（ⅡA型为5人）	汽油	收发机
A13/Mk Ⅳ、Mk Ⅳ A巡洋坦克以及A15/"十字军"Mk Ⅵ坦克	4人**	汽油	收发机
美国			
M3"斯图亚特"/"甜心"	4人	航空汽油	收发机
M3"格兰特"	6人	航空汽油	收发机
M4"谢尔曼"	5人	航空汽油	收发机

* 早期型号上狭小的炮塔后来被扩大，以容纳第4名车组成员。
** 早期的"十字军"坦克上有一个狭小的副机枪塔，如果里面有人操作的话，就需要5人的车组；实战发现这个机枪塔纯属多余，因此被去掉了。1942年年末，换装6磅炮的"十字军"Mk Ⅲ坦克只能容纳3人车组。

第二个因素是，当时英国设计的坦克炮塔座圈因直径都比较小，而很难安装与更大口径的火炮适配的炮塔。因此，当"十字军"Mk Ⅲ坦克装上6磅炮后，炮塔内原有的空间被占用过多，车组只能减少一人，而这样一个不完整的车组在作战时自然会有诸多不便。相比之下，德国三号坦克和四号坦克的炮塔座圈要大得多。因此，当性能更好的车载武器出现时，这两种坦克可以比较容易地实现换装。到1942年下半年，在北非的少量三号坦克和四号坦克已分别换装了长身管的50毫米炮和75毫米炮，而这两种火炮在穿甲性能方面显著优于当时盟军的任何一种坦克炮。最后，在突尼斯，还有少数六号虎式坦克奔赴战场。这些坦克的主炮就是已击毁无数盟军坦克的牵引式高平两用（即用于防空和反坦克）88毫米炮的车载版本，而盟军要再过18个月，才能给己方坦克配备与之相当的武器。

轴心国方面，意军的坦克从一开始就是过时货，而且从未进行过像样的升级。意军的L3/35轻型坦克基本上相当于英军的布伦装甲车，其装备的武器仅有机枪。M11/39坦克只有安装于车体的37毫米炮，而且其倾斜装甲板只要被击中，就可能导致变速箱油被点燃并引发严重的火灾。配备一门47毫米炮的、比较现代化的M13/40坦克被英军认为勉强够用，比如英军的一个营（皇家坦克团第6营）在1941年春就用缴获的该型坦克作战。不过，M13/40坦克在实战表现方面一直不怎么好，还因动力不足和可靠性差而臭名远扬。该型坦克的装甲也比"十字军"和"斯图亚特"这两种坦克的装甲略薄。

战争开始时，德军拥有的坦克实际上比英军的还要轻。一号坦克和二号坦克都算不上真正的战车，充其量只能承担侦察任务。二者都应被视作介于重型装甲车和布伦装甲车之间的装备。在德军刚开始介入北非战局之时，被运到黎波里（Tripoli）的这两种坦克还挺多，但依照达尔文的"适者生存"法则，它们飞快地从战场上消失了。在德国坦克中，最适合在北非作战的是三号坦克（在1941年配备了50毫米短管反坦克炮）和久经沙场的四号坦克（装有发射高爆弹的75毫米低初速短管炮）。除了发射高爆弹，四号坦克实际上也很少发射其他弹药。这种坦克起初仅装备每个营中的一个连，但后来却在这片战区的德国坦克中几乎占据了半壁江山。与英军普遍的认知相反，四号坦克的反坦克能力并不出色。这种坦克原本被设计为步兵坦克，用于在远距离上压制敌方的火炮和步兵，而不是与敌方坦克直接交战。在沙漠战争的大部分时间里，只有三号坦克进行了优化，配备了

1942年3月，在昔兰尼加的梅基利（Mechili）附近，这些可能隶属意大利"利托里奥"师第133团的M13/40坦克正排成一排，齐头并进。按照英军的战术理论，这样的队形太过密集，但比较符合德军的战术理论，也类似于英军在实战中通常采用的队形。尽管在此时已经过时，但M13/40却是意军最好的坦克。无论各种战时笑话如何编造，这些坦克的乘员往往能以巨大的勇气和坚强的意志战斗。（私人收藏）

一辆四号坦克看似宽敞的战斗室内有存放75毫米炮弹的弹药架。与英军只能携带48发炮弹的"格兰特"坦克相比，四号坦克通常能携带约80发炮弹（包括高爆弹、穿甲弹和烟幕弹）。在配备长身管75毫米L/43反坦克炮的四号F2型坦克于1942年8月运抵北非之前，四号坦克（见本部分彩图B的小插图3）主要是为发射高爆弹而优化的，其任务是压制步兵和反坦克炮。按照英军的分类法，早期的四号坦克被归为"步兵坦克"。（坦克博物馆，编号2371/D2）

50毫米短管反坦克炮，以专门击毁敌方坦克。配备长身管、高初速的75毫米反坦克炮的四号F2型坦克更强大，但在1942年8月底，只有少量该型坦克被运抵沙漠战场。三号坦克在装甲防护方面不如四号坦克，而在许多方面与英军当时最现代化的巡洋坦克旗鼓相当。三号坦克还具备发射高爆弹的能力，而英军要想用高爆弹打击敌人，就只能通过烦琐的流程求助于己方的野战炮兵。

德军的另一个优势是，其坦克的穿甲弹不像英军2磅炮的炮弹那样是一坨实心的铁疙瘩，而是含有少量炸药（被设计为在穿透装甲之后起爆）的。这种穿甲弹只要在弹药架或汽油管线附近爆炸，就有可能造成比实心炮弹打出的破洞严重得多的灾难。总的来说，在沙漠战争中，英军坦克中弹后起火的概率比德军坦克的要大。

毫无疑问，任何坦克的战斗效能主要取决于其装甲、速度和火力的平衡。但特别应该指出的是，坦克还要具备良好的机械可靠性和出色的电台。在这两方面，

这是一门承担对地射击任务的88毫米Flak 36炮。盟军普遍畏惧这种火炮，但这也在情理之中。这种火炮出众的炮口初速和优异的光学瞄准具使其有效射程超过了2000码，而其发射的沉重的炮弹使任何已知的装甲战车在被直接命中时都难逃一死。据一些遭遇过近失弹的英国坦克手报告，他们曾真切地看到空中飞行的这种炮弹带着下方移动的冲击波，拉出一道烟尘，就像鱼雷在海面上拉出的尾迹，直奔自己而来。（私人收藏）

一辆四号坦克的炮塔，主炮为75毫米短管炮，坦克手正在使用双目测距仪。德军的战术优势之一在于其精良的光学仪器，这使德军能在远距离上进行精确打击。通常，四号坦克会在约2000码的距离上发射高爆弹。英军最终也意识到自己的观瞄器材不如对手的，而在面对德国非洲军的坦克时，这只加深了其自卑感。然而，在沙漠条件下，即使是最好的光学仪器，也难免被车辆扬起的尘土覆盖或是被热气造成的光学畸变影响。下午三点前后是一天中最热的时段，往往也是作战最煎熬的时候。请注意，照片中车头机枪手座位旁的观察狭缝上有一块油漆画的牌匾，以纪念某个已故的车组成员。（坦克博物馆，编号7417/A4）

英国坦克和意大利坦克都有很大欠缺，而后者的问题更严重。造成这种现象的原因往往是非常现实的，尤其是为了适应沙漠条件下的运动战，各参战国不得不重新设计其回收、维护和修理坦克的整套支援体系。抛开其他方面不谈，沙漠战争确实促使各参战国在这些方面取得了不少令人瞩目的进步，比如英国成立了皇家机电工程兵团。不过，德军在这些方面往往更占优势。这主要是因为德军似乎更擅长在战斗结束时控制战场，也能更多地回收己方受损的坦克。同样重要的是，德国人还以制造精良的光学仪器（尤其是测距仪）著称。这也使英方评论家得出己方在观瞄方面处于劣势的结论。

反坦克炮

需要特别指出的是，在任何一场战斗中，英军坦克遭遇的反坦克火力有很大一部分并非来自敌方坦克（英方指挥人员可能喜欢这样假设），而是来自架设在地面的牵引式反坦克炮。德军的 50 毫米炮非常强劲，而著名的 88 毫米高射炮威力更大，只不过在数量上远不如前者。英军坦克手常常以为自己是被坦克火力击中的，但击中英军坦克的实际是比坦克炮威力大得多的武器。这种误判的例子在各路文献中比比皆是。[4] 因此在双方的坦克火力对比上，英军得出了错误的结论，以为轴心国的坦克炮比自己的强。相应地，这又使英军更加确信自己对高爆弹的需求不是特别迫切。高爆弹的确不适合用来对付坦克，但却是对付反坦克炮的理想武器。既然英军的教条主义思维先入为主地认为坦克应该与其他坦克战斗，用高爆弹打击反坦克炮的必要性自然就不会被考虑到，而这与德军对炮弹需求的思考截然相反。

英军相信自己有着充足的反坦克防御手段，而这些手段要用到几种不同的武器。第一种武器是步兵排的 0.55 英寸"博伊斯"反坦克枪。这种武器可以有效打击装甲非常轻薄的车辆，有时也可打击装甲较厚的坦克的侧后部，但仅限于此。第二种和第三种武器分别是安装在坦克上的 2 磅炮，以及安装在地面炮架上或卡车底盘上的牵引式 2 磅炮。这两种火炮拥有相同的弹道性能，被认为是同类火炮中最优秀的，但到了 1942 年，这一整个类别的火炮实际上都已过时。英军的第四种反坦克防御武器是 40 毫米"博福斯"高射炮。实战中，这种炮在使用穿甲弹时效果不错，但往往没能在关键的时间和地点上出现并发挥作用。最后也是最重要的25磅加榴炮，与前面四种武器不可同日而语。实际上，这是一种88毫米口径的武器，不过在炮口初速上明显低于德国的88毫米高射炮。承担反坦克任务的25磅加榴炮成功击退德国坦克的战例有很多，但这种火炮的主要缺点是不能在发射穿甲弹的同时发射高爆弹。因此，这种具有双重用途的火炮进一步减少了英军在"坦克战"中可以使用的高爆弹。

英军还有一种潜在的反坦克武器是3.7英寸高射炮。这种高射炮在弹道性能方面比德国88毫米高射炮更胜一筹。常有人询问，3.7英寸高射炮为什么没有被广泛用于反坦克？针对这个问题的回答多种多样，而且非常复杂。这种火炮的瞄具（试用过三种瞄具后，才研制出有效的反坦克瞄具）有问题，其穿甲弹的生产也不顺利。卸下其炮轮并展开固定炮架，这就需要花10分钟左右的时间。这"怪兽"太高，又没有炮盾，很容易被其德国对手击毁（这两种火炮在发射时都会激起高达100英尺的尘埃云）。此外，还有一些"政治"压力使得这种火炮必须被部署在后方的陆军、海军、空军基地附近，而非被部署在可能遭遇德国坦克的前线。

甲弹对抗	
坦克装甲的最大厚度	反坦克炮的穿深
（德国坦克的实际装甲厚度可能与此表列出的厚度不同，因为工厂和当地的改装车间会安装附加装甲板，有些还是带间隔的装甲板）	（在1000码距离上，着弹角为30度时，对均质钢装甲的穿深）
盟国坦克： A15/"十字军"，49毫米厚； M3"斯图亚特"，44毫米厚； "玛蒂尔达"Mk Ⅱ，78毫米厚； "瓦伦丁"Mk Ⅲ，65毫米厚； A22/"丘吉尔"，102毫米厚； M3"格兰特"，57毫米厚； M4"谢尔曼"，91毫米厚	轴心国火炮： 37毫米炮，穿深22毫米； 意大利47毫米炮，穿深29毫米； 50毫米短管炮，穿深47毫米； 50毫米长管炮，穿深55毫米； 75毫米短管炮，穿深41毫米； 75毫米长管炮，穿深72毫米； 88毫米炮，穿深101毫米
轴心国坦克： 三号坦克，40毫米厚； 意大利M13/40，40毫米厚； 三号J型坦克，50毫米厚； 四号坦克，30毫米厚； 四号F型坦克，50毫米厚； 六号虎式坦克，110毫米厚	盟国火炮： 2磅炮，穿深40毫米； 37毫米炮，穿深42毫米； 25磅加榴炮发射的穿甲弹，穿深54毫米； 6磅炮，穿深80毫米； 75毫米炮，穿深62毫米； 17磅炮，穿深118毫米

到了 1942 年夏天，以上这些难题在理论上都已得到解决，这多亏了第 4 重型高射炮旅旅长珀西·卡尔弗特（Percy Calvert）准将的不懈努力。但除极少数例外，3.7 英寸炮几乎没有被用来对抗坦克。

我们很难不得出这样的结论：反坦克炮不太适合参与运动的"坦克战"，这归根到底是因为英国军事学说把所有反坦克炮都视作静态部署的防御性武器。如果己方坦克被击败，不得不依靠反坦克炮作战，英军不会认为这有什么问题；但是把反坦克炮推到前线，伴随装甲部队进行突击，这在英军看来就是离经叛道之举。与英军不同的是，德军不论在进攻时还是在撤退时，都把反坦克炮（包括最重型的反坦克炮）的部署视作一切坦克机动的必要组成部分。

从短促行动、战斧行动到十字军行动

1941年5月至12月

　　1941年4月下旬，德军从意军手中接过主导权，并快速攻入昔兰尼加，打了英军一个措手不及。在班加西地区，德军几乎全歼英国第2装甲师。不过，鉴于该师刚到前线不久，装备低劣且寡不敌众，该师的覆灭给英军指挥人员带来的震撼可能不是特别大。托布鲁克的坚固防御和敌军在埃及边境尽显颓势的进攻，很快就让英军恢复了自信。由此看来，英军的防御技艺绝非一无是处，但与此形成鲜明对比的是其进攻技艺。事实很快就证明，英军在对付格拉齐亚尼的意军时采用的行之有效的战法，在对付隆美尔的德国非洲军时就不再管用。且不说别的，至少这些敌人在被英国装甲部队迂回时不会傻傻地留在原地。

　　英军从埃及边境向哈法亚（Halfaya）、塞卢姆（Sollum）和卡普佐（Capuzzo）发动了两次试探性进攻，但均告失败。第一次进攻是5月15日至16日的短促行动。不过，这次行动也许不能算是有效的试探，因为其规模实在太小，只有2个装甲营的区区53辆坦克参战。兵力过于分散的英军在遭到德军一个装甲团的进攻威胁后几乎立刻撤退，但德军的这个装甲团不仅以为自己寡不敌众，还在关键时刻耗尽了燃油。从战术角度讲，这次作战暴露了英军各部在分散状态下通信不畅、兵种间协同不良等弱点。尤其是，当巡洋坦克鲁莽西进，把步兵远远甩在后面之后，被抛弃的步兵开始过度担心自身的安全。"10英尺高的德国坦克"的幻影（在法国和希腊战场上就曾是士兵们的噩梦）在这些英军步兵的脑海中挥之不去，要再过一年多，他们才能破除这个心魔。

　　第二次进攻是6月15日至17日的战斧行动。这一次有4个坦克营、共190辆坦克参战，其规模是短促行动的三倍多。但不幸的是，在两次进攻之间的那一个月里，隆美尔趁机加强了己方的备战工作，特别是在边境一带布置了一道由众多自给自足的坚固支撑点组成的、纵深达15英里的防御带。此次行动中，最令人难忘的战术失败是皇家坦克团第4营C连的12辆坦克在进攻哈法亚山口时全军覆没，而且这些坦克都是在英军先前认为绝对安全的1500码距离上被击毁的。更令人震惊的是，被击毁的坦克都是先前被交战双方都认为的装甲防护出色且很难被击毁的"玛蒂尔达"坦克。事后，英方人员花了好几个月的时间去猜测是何种秘密武器造成如此损失。有些人坚信，那是一种口径至少为6英寸的高初速火炮。但真正的"凶手"是德军一个炮连的4门88毫米高射炮，这是英军已知的对坦克杀伤力极大的武器。可叹的是，英方战术家们竟然花了很长的时间才搞明白，神秘的"哈法亚大炮"其实就是他们熟悉的"八八炮"。

1941年4月21日，塞卢姆，冷溪禁卫团的一名士兵正在他精心挖掘的战壕里使用一部野战电话。他把挖出的泥土堆在战壕的前方和后方，还在战壕边缘留出了支撑手肘的平台。在迫击炮和大炮的轰击下，这样的战壕通常能保证他的安全，除非他被炮弹直接命中。不过，电话线经常被炮火炸断或被路过的车辆扯断。请注意，尽管是在4月，早晨的气温还是低得让他无法脱掉大衣和摘下保暖帽。（帝国战争博物馆，编号E2554）

此外，许多在短促行动中已经被暴露出来的问题再度出现在战斧行动中。最突出的问题就是在无线电通信能力不足的情况下，过度分散的兵力导致指挥官无法控制瞬息万变的战局。但是，这次行动中发生的战斗远比5月那次行动的战斗多，而且英军在哈菲兹岭（Hafid Ridge）还遇到一种在后续战斗中几乎成为惯例的情况。那就是敌军的某个阵地似乎只有少量兵力防守或者只有不堪一击的软皮车辆，而英军装甲部队在如此强烈的诱惑下，未经认真准备就逐次发起冲锋，结果惨遭失败。原来，敌人那些"不堪一击"的卡车旁还有牵引式火炮，并且其中的一些火炮对英军的坦克来说非常危险。哈菲兹岭的山岭不止一道，而是连续的三道，这样复杂的地形令英军面临更多困难。当英军装甲部队成功突破第一道山岭后，潜伏在第二道和第三道山岭之间的轴心国部队使其遭受了各种意料之外的挫折。因此，这一仗可以说是沙漠战争中一个经典的早期战例，反映了整场战争中始终困扰战术家们的种种侦察、导航和地形分析难题。

同样值得一提的是，战斧行动中也发生了一些在战前被人们广泛讨论的那种"纯"坦克对决。例如，皇家坦克团第6营的战斗详报显示，该营在6月15日至16日连续多次实施了堪称"海军式"的机动。具体说来就是，各个中队排成单纵队，反复机动，并实施"高速状态下的舷侧齐射"（即在行进中朝侧翼开火）。这种战法完全符合"穿越敌军T字横头"的传统海战理念。[5]

皇家坦克团第6营是搭乘"老虎"运输船队的船抵达非洲的。该营的52辆"十字军"坦克在亚历山大港（Alexandria）的码头下船，但是在奔赴战场的途中似乎就因机械故障而损失了十多辆。加入战斗后，该营在6月15日损失15辆坦克，又在16日损失12辆，共计损失41辆。在这些损失中，有14辆被作为"破车"回收。而这14辆中，有些坦克损坏的原因确定是机械故障，而不是遭到敌军炮火。因此，该营在短短两天的战斗后就失去了战斗力，但其原有的52辆坦克中只有约一半可能是因敌方火力而损失的。我们甚至可以认为该营在这场战役中并未流多少血，因为据信该营只有9人战死（这点伤亡还不至于让幸存者将"坦克战"视作自杀式行为）。实际上，皇家坦克团第6营仅在6月15日17:45左右越过哈菲兹岭进行冲锋时才遭受了堪称严重的损失。当时，该营的A中队损失了3辆坦克，B中队损失了10辆坦克。其中有4辆后来被回收。而在战役的其他阶段，该营的坦克每次只损失一二辆而已，消耗的速度缓慢而稳定，也没有特别值得一提的战例。整体而言，沙漠战似乎是一个拖泥带水甚至欠缺意义的过程。在此过程中，大量带装甲或无装甲的高油耗车辆不断咆哮，互相绕圈，扬起滚滚烟尘，却很少交火。等到一天的行动结束时，所有人都已筋疲力尽，却又不得不花上好几个钟头安营扎寨，维修车辆并为其补充油料，之后才能睡上一会儿。在这样的背景下，战斗结果往往更像是"凭点数获胜"（Victory on Points）的，即胜利靠的是比对手在战场上活动的时间长，而不是纸上谈兵者梦寐以求的那种致命一拳。

战斧行动的一条主要战术教训是，英国坦克很难击毁600至800码距离上的德国坦克，而且常常在远超这个距离的交火中被击毁。这使英军坦克手更加坚定地贯彻通过冲锋拉近距离以杀伤敌人的理念。这确实有足够的合理性，但英国战术家们忽略了几个重要因素。一是，正如关于"哈法亚大炮"的胡乱猜想所揭示的，他们对德国反坦克炮的弹道性能和积极靠前部署的战法一无所知。二是，他们没能意识到，德国的战术家们因认为己方在坦克的火力和装甲上很难胜过英方，而主要采取了在反坦克炮的掩护下机动的方式来保护坦克。德国坦克总是尽可能地谨慎行动，避免冲到近距离上交战。与此同时，德国人为改进坦克的装甲，想尽了办法，包括加装特制的表面硬化装甲板，以及在坦克的薄弱部位加挂备用履带。当1942年5月的贾扎拉战役开始时，德国人还启动了给三号坦克和四号坦克升级火炮的计划。

* * *

英军的下一次进攻是于1942年11月18日发动的十字军行动，是一次全力以赴为托布鲁克解围的尝试。行动之初，英军实施了一项以各种欺骗和伪装手段来掩盖行动的宏大计划。这一计划使第7装甲师的450辆坦克神不知鬼不觉地进入了该师在加布萨利赫（Gabr Saleh）选定的战场。在那里，该师等待着隆美尔在面对不利条件时发起反击。不幸的是，隆美尔并未上钩，原因是英军的欺骗计划效果太好，这使得他根本不知道英军的装甲主力正在那里恭候他。因此在11月19日，英军不得不兵分多路去寻找隆美尔，从而丧失了其煞费苦心才获得的兵力集中优势。在此后的一个月里，这场行动将化为一系列混乱而零散的旅级和团级战斗，战场遍布于从托布鲁克到埃及边境铁丝网之间的大片区域。

"披着狼皮的羊"——形态逼真、涂装准确且能够行驶的假"十字军"坦克,隶属虚构的"皇家坦克团第 101 营"。这些假坦克其实是覆盖了胶合板和帆布的轻型卡车,在 1941 年年底至 1942 年年初的冬季攻势中被用于欺骗轴心国的侦察。德军有时也会使用类似的己方坦克的模型,但对这种欺骗手段的热情和专注远不如英军。英军还广泛使用了"披着羊皮的狼"这招,比如用可丢弃的帆布"遮阳罩"覆盖真坦克,将其伪装成卡车。但事实证明,英军为十字军行动采取的欺骗手段实在是高明过头了。(帝国战争博物馆,编号 MH20755)

    这种战斗的一个显著特征是"战争迷雾"(Fog of War),而这是由极限工作距离上质量低下的无线电通信和双方部队的大量高速机动共同造就的。这也意味着许多战斗是完全没有计划的,或者就算有临时拟就的计划,也没有足够的资源来实施。部队"化整为零"的行动使指挥官难以控制。于是,旅级战斗往往退化为零散的团级战斗,继而退化为中队级战斗。在最初几天的激烈消耗战中损失了大量坦克后,许多装甲团的实力下降到中队级别。因此,各旅投入战斗的兵力实际上只相当于团的兵力,到了 11 月底,更是只相当于中队的兵力。来自不同单位的官兵被混编到一起,组成彼此陌生的团队,这也使得条令和战术的延续性荡然无存。

一个装甲旅如何被"混编"

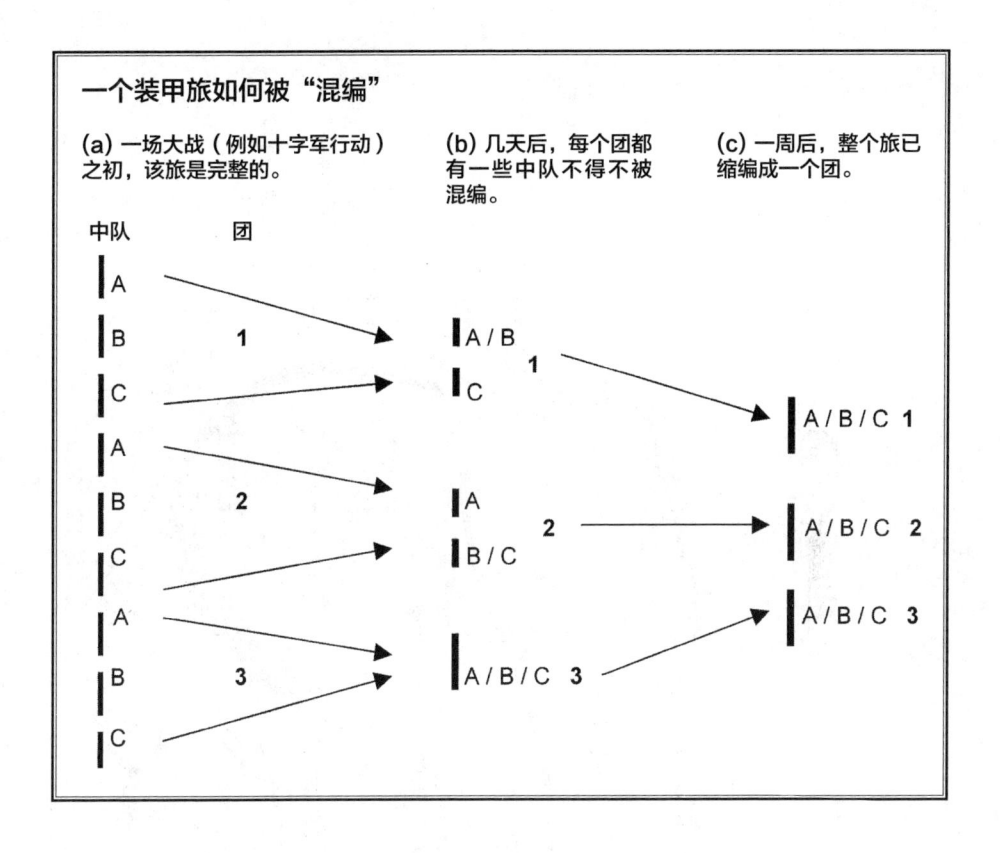

(a) 一场大战（例如十字军行动）之初，该旅是完整的。

(b) 几天后，每个团都有一些中队不得不被混编。

(c) 一周后，整个旅已缩编成一个团。

中队　　团

A
B　　　1
C

A
B　　　2
C

A
B　　　3
C

A/B
C　　　1

A
B/C　　2

A/B/C　3

A/B/C　1

A/B/C　2

A/B/C　3

尽管都在竭尽全力地抢修破车和搜刮后方可用的车辆与人员，双方最终还是几乎耗尽了各自的坦克。从1941年11月18日到1942年2月15日，德军的260辆坦克损失了220辆（占85%），意军的154辆坦克损失了120辆（占78%），英军的648辆坦克损失了570辆（占88%），而所有这些损失都未包括被成功回收并修复的坦克。在人员损失方面，根据统计，每当有1辆坦克被击毁，就有1名车组乘员战死、负伤或被俘。当然，具体到每个实际案例，人员损失的情况肯定会有不同，全员战死或全员安全逃脱都有可能。据一名军官报告称，在贾扎拉战役中，他曾在两天的时间里连续担任至少6辆坦克的车长，因为他所指挥的这些坦克陆续被击毁，而他本人一直安然无恙。

步兵在十字军行动中发挥了非常重要的作用，甚至早在坦克耗尽之前就已如此。轴心国方面，几个意大利步兵师承担了围困托布鲁克守军并阻止其突围的任务。

50

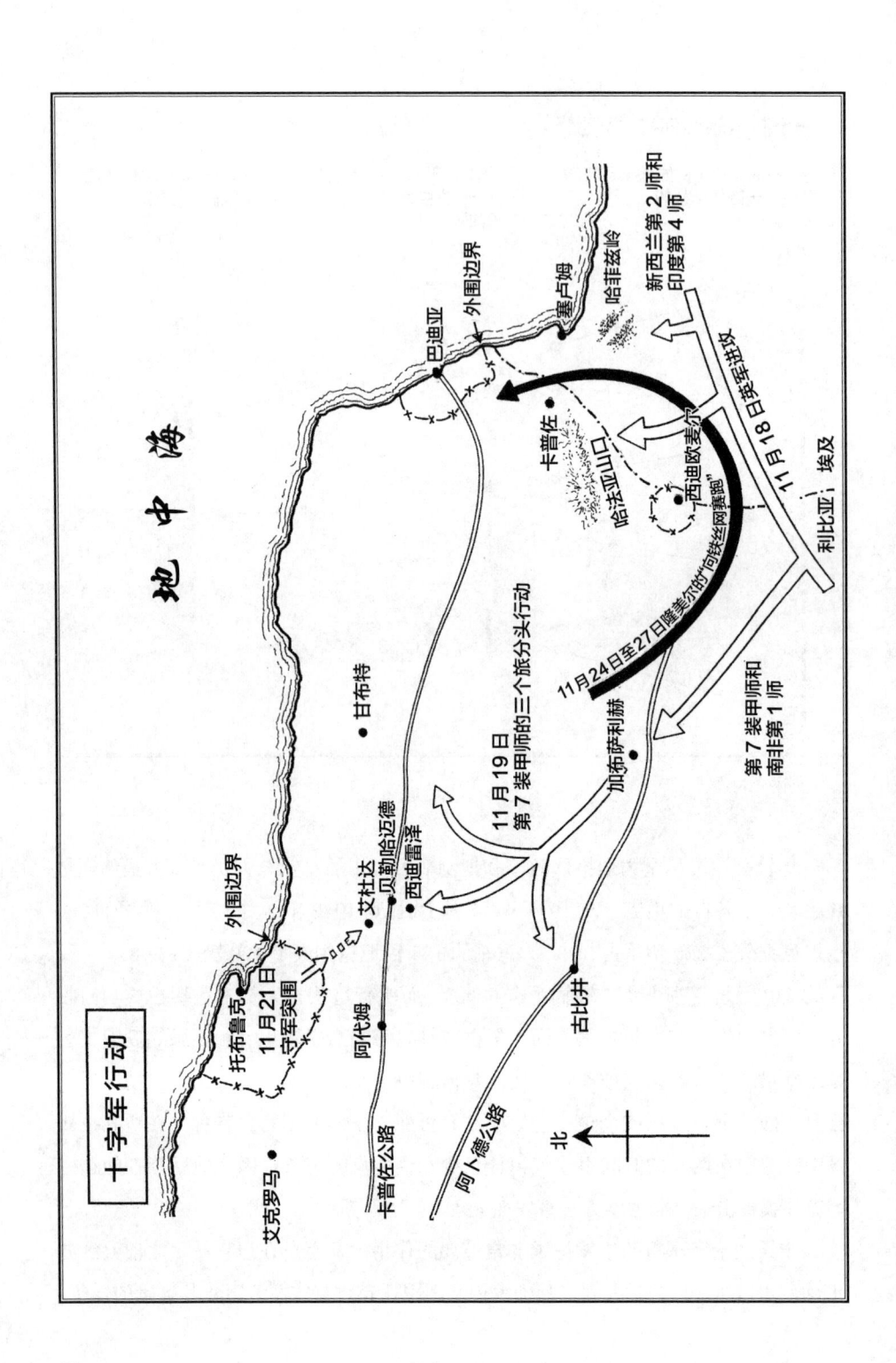

不过，守军以步兵和步兵坦克为主力，通过一系列短距跃进，突破了一个又一个敌军阵地，最后成功突围。而大英帝国三个步兵师的任务是越过边境进入利比亚，钳制此前一直稳守哈法亚的守军，最终围攻巴迪亚要塞。按照最初的计划，这些任务应该井然有序地完成，并由第 4 装甲旅在西面侧翼提供保护。但是随着战局的发展，英军第 7 装甲师毫不留情地调走了南非步兵、新西兰步兵乃至第 4 装甲旅，以支援该师在西迪雷泽一带的战斗。此外，边境附近的英军后方区域也没有足够的兵力去阻止在此往来冲杀的轴心国装甲部队。脱离师主力行动的英军步兵旅，往往不得不匆忙构筑工事来应对敌军的进攻威胁。敌人的这些进攻在大多数时候都未能奏效，但有时也会以排山倒海之势扫荡一切拦路者。与在短促行动和战斧行动中一样，步兵此时仍对自身的反坦克防御忧心忡忡，并不断呼吁上级提供专门的坦克支援力量。

在极少数情况下，轴心国军队的进攻取得了巨大成功。这些敌军不仅占领了英军的步兵阵地，还引发了在英军后方广为蔓延的恐慌。辽阔的战场意味着陷入恐慌的部队总能找到充足的空隙夺路而逃，但在无遮无掩的沙漠里狂奔的部队可能会被其他许多人看到。因此，恐慌情绪在沙漠里传播的广度和速度可能远非其他战区可比。如此一来，溃逃现象时常发生，并像野火一样迅速蔓延数小时，但随后又以几乎同样快的速度平息下来，而且最终的人员伤亡少得令人吃惊。部队的凝聚力可能在之后的几天都得不到恢复，因为其车辆散落于各地，其人员也和其他部队的人员混杂在一起。但总的来说，即使是在最浩大的恐慌性溃败中，实际损失相对而言也少得出奇。说到这种恐慌效应，最惊人的例子将发生在马特鲁港败北之后的 1942 年 6 月 26 日至 28 日。到那时，第 8 集团军将艰难地撤回阿拉曼防线，尽管撤退的过程一片混乱，但该部队中的大多数人还是全须全尾地逃出生天。

总之，对英军而言，十字军行动取得的胜利和 1942 年年底第二次阿拉曼战役取得的胜利同样重要。但两者的关键区别在于，第 8 集团军在十字军行动之后未能乘胜追击（主要是后勤的原因），所以这场胜利也就没能被人们铭记。

往返于贾扎拉和阿拉曼

1942年5月至11月

十字军行动结束后,轴心国部队立刻退入的黎波里塔尼亚,但没过多久就重整旗鼓,而且显然毫不费力地击溃了当面的英军部队。缺乏经验的第22装甲旅大部被歼,英军被迫在1942年年初退入托布鲁克地区。与1941年春季时不同,托布鲁克守军这次已向西前进了数英里,并驻守在贾扎拉防线,而且此次的正面防守宽度比仅守卫托布鲁克外围时的正面防守宽度要宽得多。

1941年1月5日,德尔纳,一名澳大利亚士兵正在查看一枚意大利反坦克地雷。在战争的这个阶段,雷场还比较小,只能造成少许麻烦。但是到了1942年,交战双方布设的反坦克和反步兵地雷数以百万计。这成为塑造每个战场的、近乎支配性的要素,并严重限制了装甲部队的机动。英军在贾扎拉战役和第一次阿拉曼战役中,轴心国在第二次阿拉曼战役中,都充分发挥了地雷的巨大作用。反坦克地雷的主要威胁在于,任何坦克无论车体装甲有多坚固,都难免被其炸断履带。当然,这种地雷对轻型车辆上的人员或恰好位于触雷车辆附近的步行人员都能造成致命杀伤。照片中,这枚地雷的装药量似乎为3.2千克——两端各有8个200克重的炸药块。这些炸药块通过起爆索(瞬发引信)连接到每个"黑色顶盖"炸药块中指向内侧的雷管槽,而两个强力螺旋弹簧只要受到足够的压力就会启动点火机构;两个"窗口"是用来开启和关闭保险的。(帝国战争博物馆,编号E1890)

1942年2月17日，皇家坦克团第5营的一辆M3"格兰特"坦克的车长（注意，他戴着和他的美国坦克一起配发的美制防护帽）正打出"集合"的旗语。在能见度合适的条件下，这种老式通信手段具有重要的战术优势，而在无线电保持静默或电台发生故障时，这种优势最为突出。无线电天线上飘扬着一面固定的旗帜。这面旗帜的颜色和挂法都是事先安排好的，以便坦克处于"炮塔下隐"状态时被友军识别。截至照片拍摄的这一天，首批的160多辆"格兰特"坦克仍是一种"秘密武器"。在敌军于贾扎拉实际遭遇这种坦克并俘获一些残骸之前，这张展示车载武器细节的照片肯定属于高度保密的文件。（帝国战争博物馆，编号 E8490）

贾扎拉防线由一系列步兵旅"方阵"组成。防线前沿有纵深雷场保护，后方则集中了装甲部队。毫无疑问，这里的雷场极其有效，其纵深之深在军事史上可能是史无前例的。然而，这些战术部署也有几个致命弱点。步兵旅"方阵"总是很脆弱，不仅在面对坦克的攻击时会暴露火力不足的缺点，而且一旦运输车辆被

54

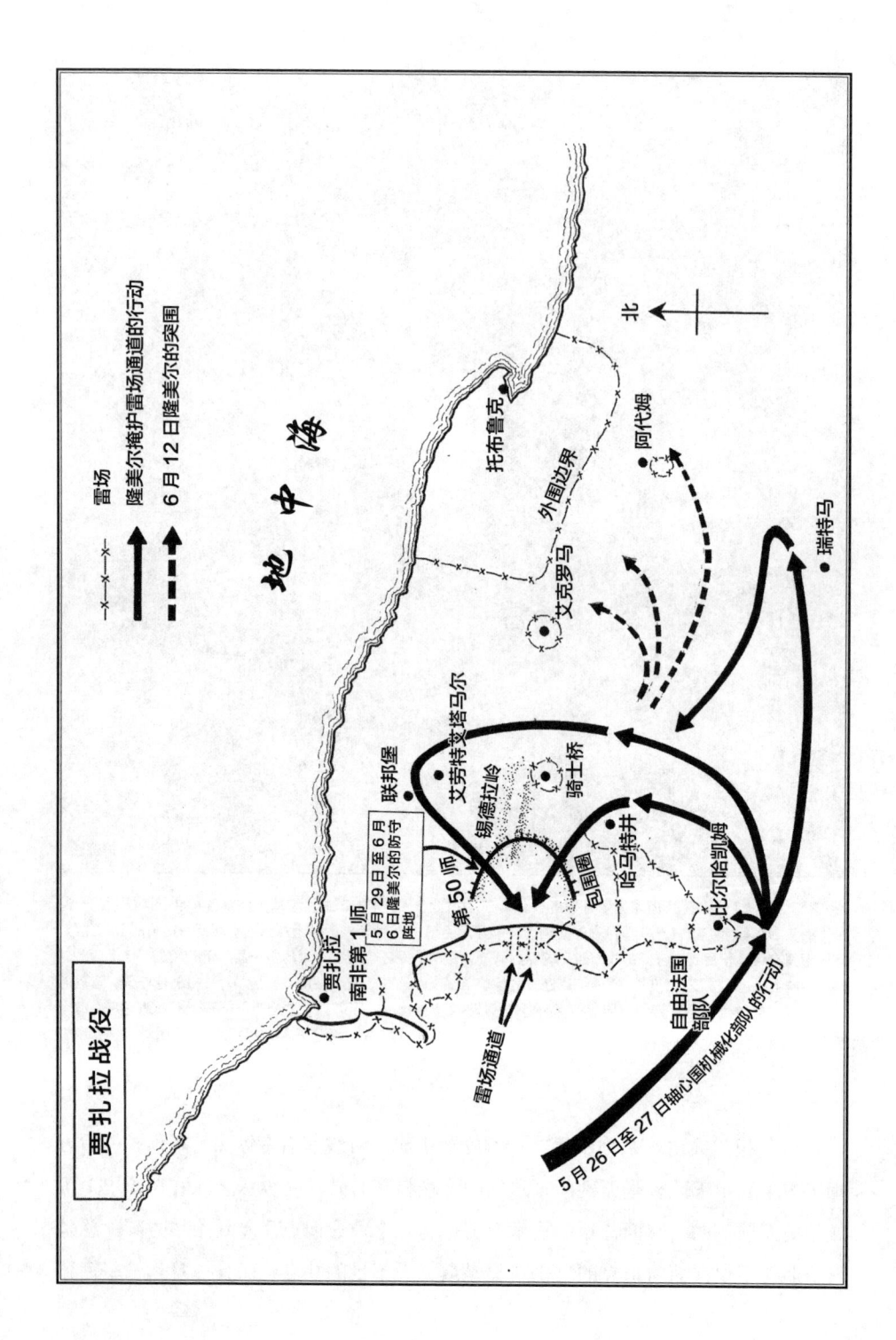

调到后方，步兵就无法机动。整套防御体系还严重依赖英军坦克部队齐心协力、兵力集中的出色反击，但在实战中，这样的反击显然未能实现。

贾扎拉战役在1942年5月27日打响。轴心国部队一上来就以声势浩大的宽正面机动，迂回英军的南方侧翼（这非常符合霍巴特和他的英军后继者们所坚持的精神）。最初，德军的"装甲矛头"给英军造成巨大冲击。在被德军击毁的坦克中，美制M3"格兰特"坦克所占的比例大得令人吃惊，要知道这种坦克和新式6磅反坦克炮一样，曾被英军寄予厚望。实战中，这种坦克几乎和巡洋坦克一样被快速消耗。不过，这两种坦克确实也给敌人造成了严重损失，以至于隆美尔后来写道："美国新式坦克的到来把我们的队列撕出了不少大口子。"

最初的"三板斧"过后，轴心国部队很快就被逼退至英军雷场的东侧，补给也被切断。这些部队在此一连几天无遮无掩，很有可能被英军的强力反击打垮。从战术角度讲，这理应成为德国非洲军的末日。不少观察家也写下他们充满期待的预言，认为利比亚战事即将画上句号。愿望虽好，但英军的强力反击却始终未能实现。

最接近这种强力反击的是英军6月初发起的阿伯丁行动，结果这场行动"点了一枚哑炮"。英军就此错失良机，放任隆美尔的部队在雷场中开辟出通道并输送补给。最终，隆美尔突破英军的拦截，并将其步兵旅"方阵"逐一击破。到6月12日，隆美尔已重创英军装甲部队；到了20日，他更是一路杀到托布鲁克并将其攻占，而这是他在1941年始终没能得到的"大奖"。英国第8集团军迅速向东撤退，但很快就被可耻地逐出马特鲁港，此后一路退至埃及和阿拉曼防线。

装甲兵的失败，炮兵和步兵的胜利

这一时期可以观察到两个重要的战术动态。一是英国装甲兵丧失了自信，变得畏敌怯战。由于屡次遭受伤筋动骨的损失，又经历了太多组织上的变动，英军装甲部队的战斗凝聚力和集体荣誉感已荡然无存。这一点在马特鲁港显得尤为突出。在那里，英军装甲部队相对于来犯的轴心国部队至少有5∶1的数量优势，但几乎未做任何抵抗。二是英军正在重新发现炮兵的威力。在十字军行动后期，英军在其装甲部队消耗殆尽之时，就曾依靠炮兵所占比例较大的苏格兰佬支队作战。经过贾扎拉和马特鲁港的失败，英军此时发现自己又面临颇为相似的局面，但这一次英军的对策有所不同。早在贾扎拉战役之前，奥金莱克将军就曾尝试改变装甲旅的"撒胡椒面"打法，并且开始考虑让整个装甲师更多地作为诸兵种合成集团遂行作战。他不仅考虑让装甲师的支援群以霍巴特深恶痛绝的方式永久协同作战，还考虑把全师乃至全军的炮兵都集中起来打击一个目标。

转折点发生在7月1日的阿拉曼。当时，隆美尔的第90轻装甲师一头撞进了南非第1师按照上述战法组织的炮兵火力网内。德国战车陷入自贾扎拉战役初期之后就未遇到的困境。隆美尔的攻势锐气尽失。英军就此获得喘息之机来巩固防御，包括精心布置大面积的雷场，将敌军引入预设的杀伤区。经过一个月残酷的消耗战，战线被守住了，但奥金莱克未能成功实施战役级别的反击。英军发起了许多出色的局部进攻，尤其是步兵发起的夜袭，但没能发起改变大局的更大规模的进攻。丘吉尔（一如既往地）失去了耐心，在8月中旬撤下奥金莱克，任命亚历山大将军为中东战区总司令，蒙哥马利将军为第8集团军司令——前一个人选是戈特（Gott）将军，但不合时宜地殒命。

隆美尔这边也在重整旗鼓，准备对哈勒法山发动新的攻势。这次攻击发生在8月31日，但很快就被英军的地雷、野战炮、反坦克炮和坦克（这些武器不再扮演"机动角色"，冒险前出，而是在半埋阵地中以"车体下隐"的状态射击）联合击退。这是英军在阿拉曼地区的第二次防守胜利。此后，轴心国方面彻底转入守势。

英军此时已获得多项关键优势来帮助自身转入进攻。终于，英军赢得了制空权，也赢得了制电磁权——隆美尔手下卓越的无线电监听部队在第一次阿拉曼战役中被歼灭，而英军的同类部队此时却大有进步。与此同时，第8集团军也积聚了空前强大的步兵、坦克和炮兵力量。蒙哥马利在参谋学院学习和任教时就是出了名的"细节狂"，他在制订任何计划时都要做到万无一失才满意。作为一名谨慎的指挥官，蒙哥马利坚信火力胜于机动，并且很快就终止了所有按"富勒-霍巴特"作战范式开展的"机动战"试验。他为第二次阿拉曼战役制订的计划是以"千炮"（火炮的实际数量不足900门）火力准备为基础，继之以步兵进攻。这基本上与1917年至1918年在西线发展出的战法别无二致。坦克不再被视作"赢得战争的未来武器"，而是被降格为诸兵种协同作战中的次要角色，一如它们在1918年以及已经在德国装甲师中扮演的角色。

阿拉曼的三场大战

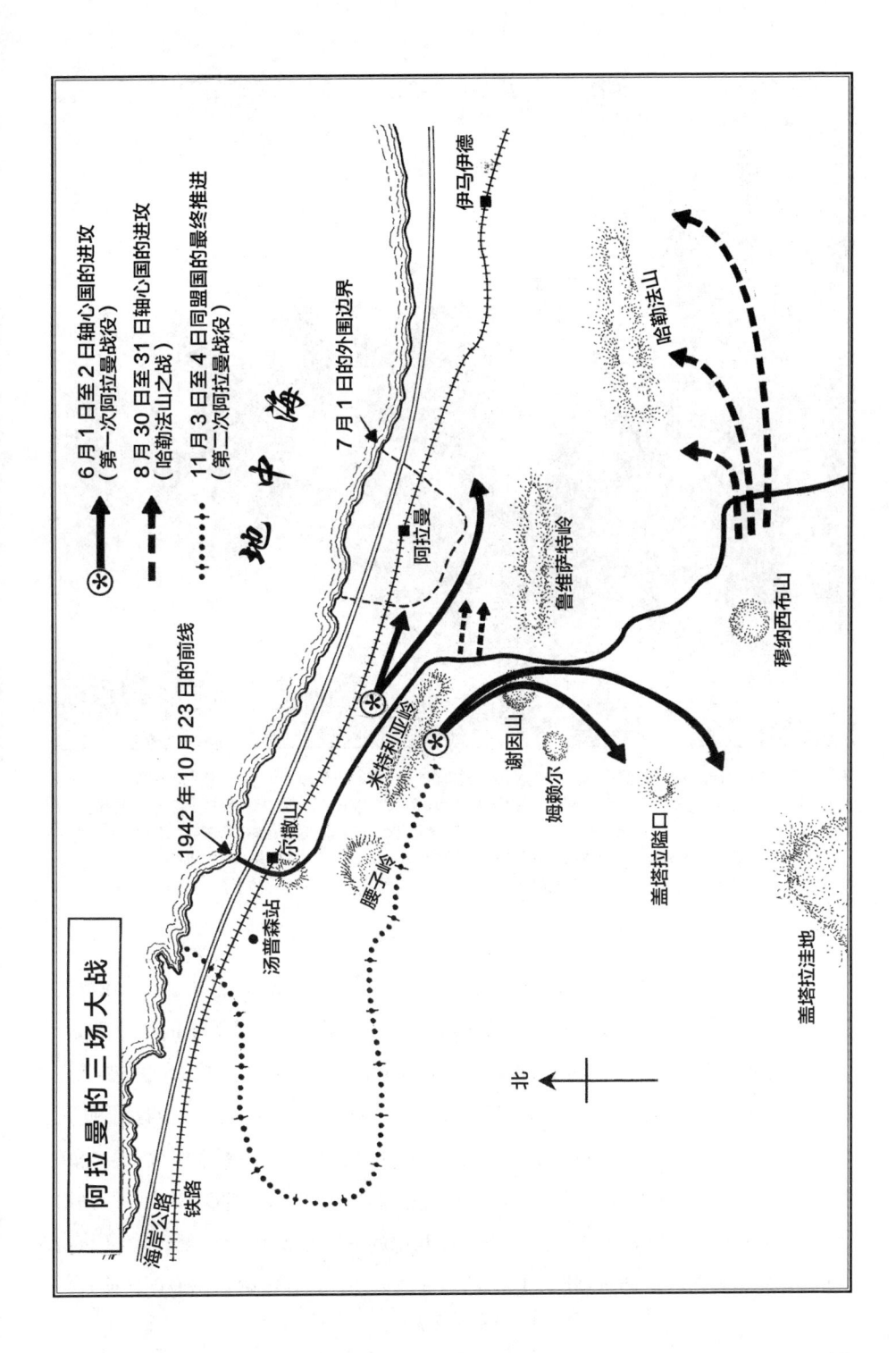

图例：
- ➡ 6月1日至2日轴心国的进攻（第一次阿拉曼战役）
- ⇢ 8月30日至31日轴心国的进攻（哈勒法山之战）
- ⋯⋯ 11月3日至4日同盟国的最终推进（第二次阿拉曼战役）
- ✳

地名标注：
- 海岸公路
- 铁路
- 1942年10月23日的前线
- 汤普森站
- 亦撒山
- 腰子岭
- 米特利亚岭
- 谢因山
- 姆赖萨
- 盖塔拉隘口
- 盖塔拉洼地
- 穆纳西布山
- 鲁维萨特岭
- 阿拉曼
- 伊马伊德
- 哈勒法山
- 7月1日的外围边界
- 地 中 海

北 ←

57

随着沙漠战争的进行，地雷的使用范围不断扩大，清除雷场的重要性与日俱增（参见本部分彩图F2）。在这张拍摄于1943年2月24日的照片上，英国第6装甲师的官兵正在突尼斯的塔莱－卡塞林公路上使用最基础的"刺刀戳地"法排雷，但这是一种进度缓慢、劳心费神且兴师动众的排雷法。尽管电子探雷器在第二次阿拉曼战役时就已抵前线，英军也发展出了在规模极大的雷场中开辟通道的系统性方法，但靠警觉的眼睛和熟练的双手来探雷仍是排雷过程中不可或缺的第一步，甚至直到今天也是如此。（帝国战争博物馆，编号NA856）

　　英军在第二次阿拉曼战役中遇到的主要问题是轴心国对地雷的运用。在贾扎拉、第一次阿拉曼和哈勒法山这三场战役中，大纵深雷场都是英军的重要助力，而在这场战役中却成了隆美尔的防御支柱。这也意味着，英军进攻战法的重点突然需要重新放到排雷技巧上。第8集团军的工兵主任基希（Kisch，巧的是，此人也是犹太复国主义运动的创始人之一）准将发现自己成了集团军中仅次于蒙哥马利的二号首长。基希帮助开发了一系列新式排雷技术，从而使部队不必再依赖用刺刀戳地并听天由命的简陋手段去排雷。其中的一项技术为"连枷坦克"（Flail Tank），即用转动的铁链击打坦克前方的地面，以使地雷在能够毁伤坦克之前就被引爆；另一项技术是电子探雷器（因为其发明者是波兰人，所以也被叫作"波兰探雷器"），其原理是通过探测两个线圈之间振荡电波的变化并发出声音信号来探测地雷所埋位置。基希更重要的成就也许是开展关于雷场纪律的训练，包括制订标准条令来规定部队如何系统地定位、标记和清除地雷，标记清扫出的通道，以及随后让宪兵管制雷场中的交通等。

比起第一次阿拉曼战役，英军在第二次阿拉曼战役中实际上并不顺利。这次，英军花了 12 天才达成突破，而不是蒙哥马利设想的只用 1 天。英军在雷场中开辟通道的战斗打得轰轰烈烈，但其装甲部队却无法在狭窄的正面上突破敌军强大的反坦克防御。1942 年 10 月 27 日，英军在"鹬鸟"（Snipe）阵地取得最重要的一次胜利。对英军来说，这实际是一场防御作战，其 19 门 6 磅反坦克炮在步兵的支援下击毁了 50 多辆轴心国的坦克，而提供掩护的英国装甲部队并未发挥多大作用。

第 9 枪骑兵团的士兵正从一辆后勤卡车上递出弹药，以补充一辆"谢尔曼"坦克。该团隶属第 1 装甲师第 2 装甲旅，而供应给该团的"谢尔曼"坦克刚好赶上第二次阿拉曼战役。"谢尔曼"坦克在装甲方面比以前几种坦克厚，配有更可靠的发动机和行走机构，而且安装在炮塔中的 75 毫米通用火炮更是提供了巨大的战术优势。对乘员来说，更大、更重的 20 磅炮弹搬运起来比较费力，但考虑到"谢尔曼"坦克设计的载弹量至少有 90 发，这不过是为加强火力所付出的些许代价。（私人收藏，由迈克·查普尔提供）

1943年1月下旬，一辆"格兰特"坦克正在的黎波里东南约55英里处前进。在第二次阿拉曼战役之后的追击中，这辆坦克属于由第7装甲师、新西兰第2师以及第22装甲旅组成的"南纵队"。这是一次旨在包抄沿海地带的轴心国后卫阵地的机动，算是蒙哥马利复兴运动战的早见尝试，尽管蒙哥马利本人曾谴责过这种在他的前任手里屡遭挫折的战法。（帝国战争博物馆，编号E21568）

　　轴心国最终耗尽资源，撤出了其在阿拉曼的所有阵地。德军窃取了意军的运输车辆，这使其盟友除了投降，别无选择。但英军的追击显得缺乏进取心，还被滂沱大雨拖累。英军的"格兰特"和"谢尔曼"两种坦克至少能发射75毫米高爆弹去打击敌人的反坦克炮，而不必呼叫野战炮兵支援，但这种基本能力仍然是大多数英国造的坦克所欠缺的。蒙哥马利从未成为运用装甲兵打仗的专家，而隆美尔最晚在1940年年初就已精于此道。不过，蒙哥马利也很清楚，由于后勤方面的问题，英军在贝达弗姆和十字军行动之后向班加西以南的追击都操之过急——英军兵力过少，一遇到敌军反击，便一败涂地。第二次阿拉曼战役之后，蒙哥马利决心慢慢来，并要求后勤供应必须充足。从战术角度讲，这意味着英军将徐徐推进，不会有漂亮的突破，不会有快如闪电的机动，也不会有大规模的歼灭战。因此，德国非洲军不得不在4个月内且战且退，经昔兰尼加和的黎波里塔尼亚撤入突尼斯南部。到了 1943 年 2 月，这股撤退的德军终于和冯·阿尼姆（von Arnim）将军的第 5 装甲集团军取得战术联系，而后者此时已经和克拉克（Clark）将军的美国第 5 集团军、安德森（Anderson）将军的英国第 1 集团军展开了激烈厮杀。英美的这两个集团军都在 1942 年 11 月 8 日的火炬行动中登陆西北非，并由艾森豪威尔（Eisenhower）将军统一指挥。在那个湿冷难熬的冬天，两个集团军一直在尝试向东推进并占领突尼斯，但未取得多少战果。

突尼斯

1943年2月中旬，轴心国发动了自哈勒法山之战以来的首次大规模反攻。冯·阿尼姆自东向西推进，迫使盟军经法伊德（Faid）、西迪布济德、斯贝特拉（Sbeitla）和卡塞林节节后退。同时，隆美尔也从东南方向经盖塔尔、加夫萨（Gafsa）和富里亚奈（Feriana）进攻。二人企图打到泰贝萨（Tebessa）或卡夫（Le Kef），最好是将这两个地方都拿下。起初，他们在经验欠缺的美军身上取得了一些引人注目的胜利，但是到了2月22日，他们的攻势就在卡塞林北郊被拥有数量优势的盟军遏制。

1943年2月12日，在突尼斯卡夫，第1集团军的"十字军"坦克正在测试6磅烟幕弹（参见本部分彩图E）。从1916年起，英国的战术家们就高度重视烟幕弹。在北非，英军在演习中使用烟幕弹的次数要比在实战中使用的次数多得多。在1942年春"格兰特"坦克抵达北非之前，英军通常只能用野战炮发射烟幕弹，但是从1942年年中开始，英军能够使用烟幕弹的坦克越来越多。"两路上，放烟幕！"（意即两个单位前出，一个单位支援）这颇具体育运动气息的口令将使烟幕在此后的英国军事假想中占据更重要的地位。（帝国战争博物馆，编号NA785）

1943年2月15日，西迪布济德附近，美国第1装甲团第2营试图攻击一股实力被严重低估的德军，结果撞上了由机动的坦克和隐蔽阵地中的反坦克炮组成的混合防御。这支美军部队此前从未经历实战，在登陆前也未接受过坦克对坦克的战斗训练。该营大致排成V字队形，轻率地高速前进，并扬起相当大的烟尘。德军故意让美军的先头坦克经过反坦克炮阵地后才开火，再以第5和第21装甲师的坦克夹击美军侧翼。最终，阿尔杰（Alger）中校这个营的40辆"谢尔曼"坦克就有36辆被击毁。（NARA）

    随后，隆美尔利用内线优势，快速撤向西南方以再次对垒追杀而来的蒙哥马利。3月6日，隆美尔在梅德宁发动大规模进攻。然而，这次就和"鹬鸟"阵地之战一样，英军第8集团军的反坦克炮（此时已经包括威力强大的、绰号为"野鸡"的17磅反坦克炮）几乎凭一己之力就挫败了德军的进攻。这一仗不仅证明了反坦克炮依然是沙漠战争中真正的决胜武器，也证明了英军经过长期摸索，终于学会如何在防御中正确使用这种武器，尽管英军从未像德军那样把反坦克炮拉到装甲部队每次进攻的最前沿。

1943年2月20日，卡塞林山口以北，位于近景中的是美军的37毫米反坦克炮，远处的德军正在炮击。这天向泰贝萨挺进的隆美尔的部队实际已攻占了这个山口，但在22日又被逐出该地。这门牵引式37毫米反坦克炮与安装在"斯图亚特"和"格兰特"两种坦克的炮塔上的火炮相同，并且在性能上与英军过时的2磅炮大致相当。这门炮被架设在一堆岩石后面，其旁边有浅浅的避弹壕，供炮组人员躲避敌军的高爆弹。（帝国战争博物馆，编号NA860）

1943年3月初，梅德宁，英国新式17磅反坦克炮正在开火，不过也许不是向敌军目标射击。17磅反坦克炮的到来使盟军终于拥有了几乎和德国88毫米炮旗鼓相当的反坦克炮。这种炮能在2000码的距离上击毁任何一种敌军坦克。这张照片的拍摄者捕捉到了这门炮完全后坐的瞬间。注意高初速的冲击波激起的巨大烟尘，这往往会惹恼被这种火炮支援的步兵，因为他们担心其阵地被暴露给敌军炮兵。同样值得注意的是，这门"野鸡"被装在标准的25磅炮架上，这是为了快速生产这种特制型号而采取的权宜之计。（帝国战争博物馆，编号NA1076）

1943年3月12日，英军步兵在雷场中沿着布条标出的通道前进。雷场通道的开辟在地雷被探测到并被清除后仍不会结束，因为清扫后的通道需要被绘入地图，设置标记，并由专人巡查。照片中，这么宽的通道足以让两名步兵并排行走，但只能供一辆坦克通过。除非附近还有一条通道可供返回后方的车辆通行，否则就需要设定某些制度，以便宪兵根据上级在某一时刻的战术要求来指挥交通。（帝国战争博物馆，编号NA1152）

1943年4月12日，达勒姆轻步兵团第9营的官兵们正在为摄影师重演他们攻克马雷特防线上一座混凝土地堡的过程。对于这样的大型工事，北非的英军此前从未遇到过，而且在占领马雷特阵地后也不会再次遇到。（帝国战争博物馆，编号NA2173）

65

1943 年 4 月中旬，向昂菲达维尔乘胜追击的英军摩托化步兵。这张照片展示了一幅不同寻常的景象，可让观者了解到一支部队按照要求散开（尽管在会战的这一阶段并没有敌方的空中威胁）时可以占据多大的区域。照片中有 20 多辆车，散布在约 500 码见方的区域内。（坦克博物馆，编号 2260/C3）

梅德宁之战过后，蒙哥马利继续进攻，于 3 月 20 日从侧翼迂回马雷特防线，又于 4 月 6 日突击阿卡利特干谷阵地，继而直扑北方的昂菲达维尔。与此同时，艾森豪威尔的两个集团军从卡塞林经加夫萨攻向盖塔尔，又经塞涅德站（Sened Station）杀向梅克纳西（Maknassy）。4 月，突尼斯北部的盟军向比塞大（Bizerta）发起新的攻势，并大获全胜。轴心国部队被挤压进突尼斯城周边日益缩小的包围圈内，而来自西西里岛后勤基地的空运补给也逐步断绝。5 月 13 日，轴心国的末日降临，其最后一批部队终于缴械投降。

从战术角度讲，突尼斯会战奇特地混合了古典元素与超现代元素。因为当地山峦密布，地形过于崎岖，很少有机动车辆能在远离谷底的地方活动，所以骡马运输队在这场会战中又有了用武之地，甚至法军还动用了一些骑兵。然而，强大的六号虎式重型坦克也在这场会战中的 1942 年 11 月 28 日首次亮相。这种坦克拥有极其厚重的装甲，其88毫米主炮在性能上与早已成为"盟军坦克杀手"的88毫米牵引式火炮基本相同。但在11月28日，只有4辆六号虎式坦克被投入战斗且表现不佳。后来又有22辆该型坦克参战，但到了1943年4月，总共只剩下8辆。六号虎式坦克的机械性能不可靠；履带和行走机构是其主要弱点，一旦被地雷或炮火毁伤，只有在德军整夜控制战场的情况下才能得到修复，但这已是德军再也无法企及的奢望。而且当六号虎式坦克作为先锋攻入敌军防御阵地（这在突尼斯的战斗中是常事）时，盟军口径较大的新式反坦克炮还可对其暴露的侧面和后部"突施冷箭"。

继六号虎式坦克之后，德军新型Nebelwerfer六管火箭炮（被盟军将士咒骂为"尖叫咪咪"或"号丧米妮"）也于1943年2月14日亮相。到1944年，这两种武器都会得到改进并将成为盟军的"丧门星"。但是在1943年年初，二者既不成熟，也不够多，无法对战役进程产生显著影响。

独立坦克歼击营

（旨在配属装甲师作战，但在实践中，有时也配属步兵师作战）

1942年6月8日的编制：

营部

| 坦克歼击A连 | 坦克歼击B连 | 坦克歼击C连 | 侦察连 |

每个坦克歼击连拥有4辆M6 37毫米卡车炮和8辆M3 75毫米半履带自行火炮

11辆轻型装甲车、若干吉普和摩托车

（在1943年1月27日的改编中，所有M6和M3简易坦克歼击车都被专门制造的M10履带式自行火炮取代）

还有一项战术创新是美军的坦克歼击车理念。和英军对步兵坦克的运用以及德军对四号坦克的运用一样，美军也明智地将其武器库中吨位较重的坦克（严格来说是中型坦克）视作支援步兵作战的合适武器。但为了打"坦克战"，美军又发明了一类全新的车辆，并称其为"坦克歼击车"，这大概是希望这种车辆扮演与英国巡洋坦克或德国三号坦克一样的"坦克杀手"角色。1943年年初，美军专门的坦克歼击营还处于过渡阶段。这些营都装备了搭载1门37毫米反坦克炮且无装甲的M6卡车、装有1门旧式75毫米野战炮的轻装甲的M3半履带车，以及专门设计制造的M10"狼獾"坦克歼击车（M10 Wolverine，以"谢尔曼"坦克底盘为基础，在无顶盖的炮塔上装有1门威力强大的3英寸反坦克炮），但其中的两种性能不足。这些车辆的共同点在于装甲防护都比较薄弱（如果不是毫无防护的话），但在合适的条件下，三者的火力应该都能比较有效地打击敌方坦克。

1943年3月23日，盖塔尔附近，美军第601坦克歼击营的军官们正在一辆M3半履带指挥车旁商议。在这张照片的背景中有一辆该营的75毫米GMC坦克歼击车。当天，这种战车在抵御冯·布罗伊希（von Broich）战斗群的进攻时发挥了关键作用（参见本部分彩图H）。照片中的吉普车此时已是每个坦克歼击营下属侦察连的战术装备之一，而这种车在1942年就被大量供应给英军。侦察连的每个排都有5辆配备机枪的吉普车和2辆装甲车。(NARA)

1943年3月1日，在加贝斯（Gabés）以北，几辆"瓦伦丁"坦克搭载着苏格兰步兵。这显然是一个四车制的坦克排。这张照片没有展示出一些拖曳着反坦克炮的坦克，而这种由下级单位创造的"诸兵种合成"方式颇引人注目。不过，这明显是一张彻头彻尾的摆拍照：坦克的间距小到履带几乎相接；坐在坦克上的步兵就是敌人机枪的活靶子；让坦克牵引反坦克炮进入战斗也很荒谬，因为反坦克炮始终需要独立行动，其炮手和弹药也都在专用牵引车上。（帝国战争博物馆，编号NA1672）

　　坦克歼击车理念是以一种异想天开的战术思想（即在战斗中，对于任何一种威胁，指挥官都可以有充分的时间和条件来选择完美的对策）为基础的。此外，两年来，在沙漠作战的英军一直在抱怨每一种被其认为装甲薄弱的坦克（包括美制M3"斯图亚特"），而英军用卡车搭载反坦克炮进行的试验也并不成功。这两类战车确实都无法支持英军认为的那种"坦克对坦克的战斗"。因此，当看到新盟友企图用装甲更轻薄的车辆打这类仗时，英军显然大惊失色。不过，地形因素也应考虑在内。在埃及和利比亚常常有极为开阔的射界，这使软皮或薄皮车辆可能在远超1000码的距离上也被击毁，而突尼斯的山丘和植被让坦克歼击车有了许多伏击的机会，使其可以利用掩体在较近的距离上偷袭敌军战车。美国官方战史对此多少有些忸怩地承认道："经验证明，（坦克歼击车）不能用来'猎杀坦克'，因为在与坦克的交火中，它们很快就会被打垮。其机动能力应该主要用于躲避敌方炮火或进入有利的射击阵地。"换言之，这种车辆似乎最好是在半埋阵地中或利用掩体进行战斗。因此，坦克歼击车理念在突尼斯的山地中经受住实战考验是很令人吃惊的，而在盖塔尔，这种车辆甚至被视作一种成功的武器。M10"狼獾"坦克歼击车在速度上明显不如 37 毫米卡车炮或 75 毫米半履带自行火炮，但拥有远强于后者的装甲防护和武器。这种车辆将以各种形式在盟军中服役至战争结束，关于其战术运用的条令也不会像先前那样死板。

突尼斯战训

　　美国官方战史还列出了美国陆军在突尼斯学到的其他战术教训。实际上，这些教训早在第一次世界大战时就被总结出来，只是在 1940 年至 1942 年的沙漠战事中又被英军重学了一遍。而最先列出的那几条教训甚至可以追溯到更早的战争，例如维多利亚时代英属印度西北边境的冲突或布尔战争。这些永不过时的战术原则包括控制制高点，派步兵进行侦察和巡逻，以及掌握识别地图的本领。除此之外，还有一些关于诸兵种协同和让步兵紧随坦克作战的基本原则，尽管富勒和霍巴特在 20 世纪 30 年代似乎并不认为这些都是不证自明的原则。装甲部队也需要被集中用于狭窄正面，而不是被分散使用或采用"撒胡椒面"的打法，但这显然是 1941 年英军采取的不同于德军的主要打法。防御必须有一定纵深。步兵在进攻中应该紧跟徐进弹幕前进。在任何进攻发起前，所有人都应该花时间认真准备和演练。

　　美国官方战史还强调，军官必须胜任其职务。这也许隐晦地抨击了在应对德军向卡塞林的突击时表现拙劣的个别指挥官。在任何一场战争的初期，这显然都是无法避免的问题，因为在军队派往前线的军官中，那些只适合过太平日子的军官往往会占相当大的比例，而许多真正的战士要假以时日才能逐级晋升。不过在这个问题上，美国官方战史也暗示条令要求指挥部设置的位置离前线太远，这使指挥官很难对战斗保持全面掌控。

　　战争进行到这一阶段，德军已经意识到已方不仅在兵力和火力上处于劣势，而且这一差距已经大到使其关于战术的大部分传统假设不再成立。1941 年 11 月，在十字军行动开始后几天，隆美尔曾发起"向铁丝网赛跑"，但这样的打法一去不复返。在 1942 年 10 月的第二次阿拉曼战役中，蒙哥马利的空中和炮兵优势就已经使德军几乎没有了机动空间。1943年，在突尼斯，德军要面对从西方杀来的两支生力军，而且其中的那支美国军队显然能够动用无穷无尽的武器装备。美军的空中和炮火支援在德国空军已经被严重削弱的情况下更是具有压倒性优势。在这样的背景下，德国的战术分析家们也许会愤愤不平地抱怨美军的战术（实际上和蒙哥马利的战术如出一辙）"单调死板，完全仰赖物质优势"。但无论怎么抱怨，德军无法打赢这样的战斗都是无法改变的事实。

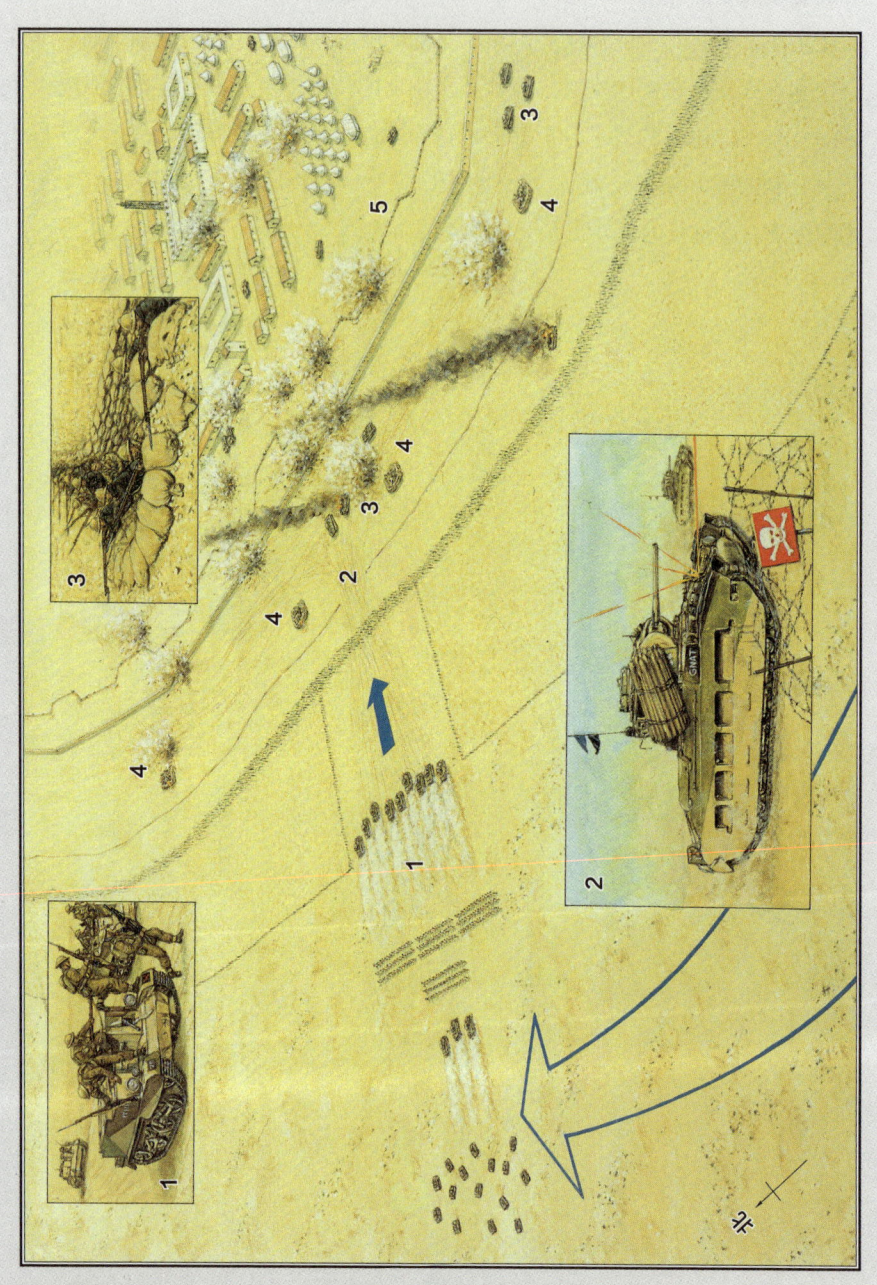

A.1940年12月9日，尼贝瓦（Nibeiwa）要塞，进攻中的步兵坦克（示意图，未按真实比例绘制）

✵ A. 1940年12月9日，尼贝瓦要塞，进攻中的步兵坦克

截至1940年12月，意军已经在西迪巴拉尼（位于埃及境内，因此名义上属于英方控制的领地）附近建设了一系列要塞，并将其作为向亚历山大港和开罗发动进攻的跳板。在近四个月的时间里，意军利用其有限的后勤资源构筑了尽可能多的要塞，并用散兵坑、战壕、石砌护墙、铁丝网、地雷和（未完工的）反坦克壕来保护这些要塞。守卫尼贝瓦要塞的是"马莱蒂"（Maletti）战斗群。这支部队拥有步兵、野战炮、反坦克炮和运输车，还有几辆装甲车和M11/39轻型坦克。总的来说，在这一战区，意军与英军的兵力对比约为5∶1，而且意军还拥有空中优势。

英军也有一些重要优势。英军在靠近自己的后勤基地作战，并且一开始就有足够的机动运输车辆。英军还拥有一个齐装满员、训练有素的装甲师，该师的装甲力量远强于意军拥有的少数坦克。尤其是，该师的"秘密武器"——"玛蒂尔达"Mk Ⅱ步兵坦克被实战证明其装甲能抵御意军的任何武器。此外，英军在12月9日发起进攻时还拥有出其不意的优势。在尼贝瓦，英军之所以能达成奇袭，是因为其先前在要塞后方（西侧）的雷场内发现了一条通道，而这条通道是意军留给自己的运输车辆进出的。

英军在夜间悄悄机动到要塞后方，并于早晨7点用火炮和机枪压制已被其发现的意军防守阵地。15分钟后，英军的坦克穿过那条没有布雷的通道并发起冲锋——打头阵的是一个坦克中队，步兵紧随其后。随后，在两个半小时的激战中，英军先歼灭了意军的坦克（不过意大利坦克兵没来得及进入所有坦克），再围攻了意军的炮兵阵地。意大利守军的抵抗零乱无章，但指挥官马莱蒂操起机枪，亲自上阵，最后战死。英军占领要塞，而其坦克继续西进，以前往"前进集结点"（Forward Rally）。

1. 通过夜间行军从南侧绕过要塞后，皇家坦克团第7营A中队的"玛蒂尔达"坦克实施了180度大转弯，女王亲军卡梅隆高地人团第2营的摩托化

英军步兵把守着由众多双人散兵坑组成的防线，并且按照沙漠中冬季作战的惯例穿着御寒的大衣。虽然这张照片拍摄于1940年12月的巴迪亚附近，但这样的场景在整场战争中都很普遍。护墙采用岩石堆砌，注意前景中的散兵坑顶棚。在一些多岩石的地区，步兵几乎无法挖掘工事，而且不得不用石头在地面上构筑"桑格尔"（Sangar，印度军队的用语，指石砌矮墙）。（帝国战争博物馆，编号E1495）

步兵紧随其后。由于布伦机枪装甲车的运兵能力和装甲防护都不足，在离目标还很远的地方，步兵们就从这种通用装甲车上跳了下来（小插图1）。然后，全队穿过雷场通道和铁丝网障碍，并对要塞发起突击。按照编制，1个坦克营应该由1个装备4辆坦克的营部和3个中队组成；每个中队下辖4小队，每个小队装备4辆坦克。因此，每个中队共有16辆坦克，全营共有52辆坦克。

2. 尚未完工的反坦克壕。实战证明，"玛蒂尔达"MkⅡ坦克可以比较轻松地越过这种壕沟，但英军这时多此一举地在其炮塔上挂了柴捆（小插图2），好在此后未重蹈覆辙。英军认为"玛蒂尔达"坦克速度太慢，不适合装备装甲师。但在1940年至1941年的沙漠交战中，"玛蒂尔达"坦克因其厚重的装甲而很快赢得各方军队的敬畏。在尼贝瓦，意军发射的穿甲弹在击中该型坦克车体首上装甲板和炮塔后都被弹飞。

3. 意大利第4坦克团第2营的M11/39轻型坦克企图抵抗，但被迅速消灭。

4. 英军不得不逐一摧毁带有石砌护墙的意军炮兵阵地，但意大利炮手们抵抗到了最后。

5. 石砌护墙内的意军步兵阵地（小插图3）遭到英军炮兵的火力压制，随后被迅速攻占。

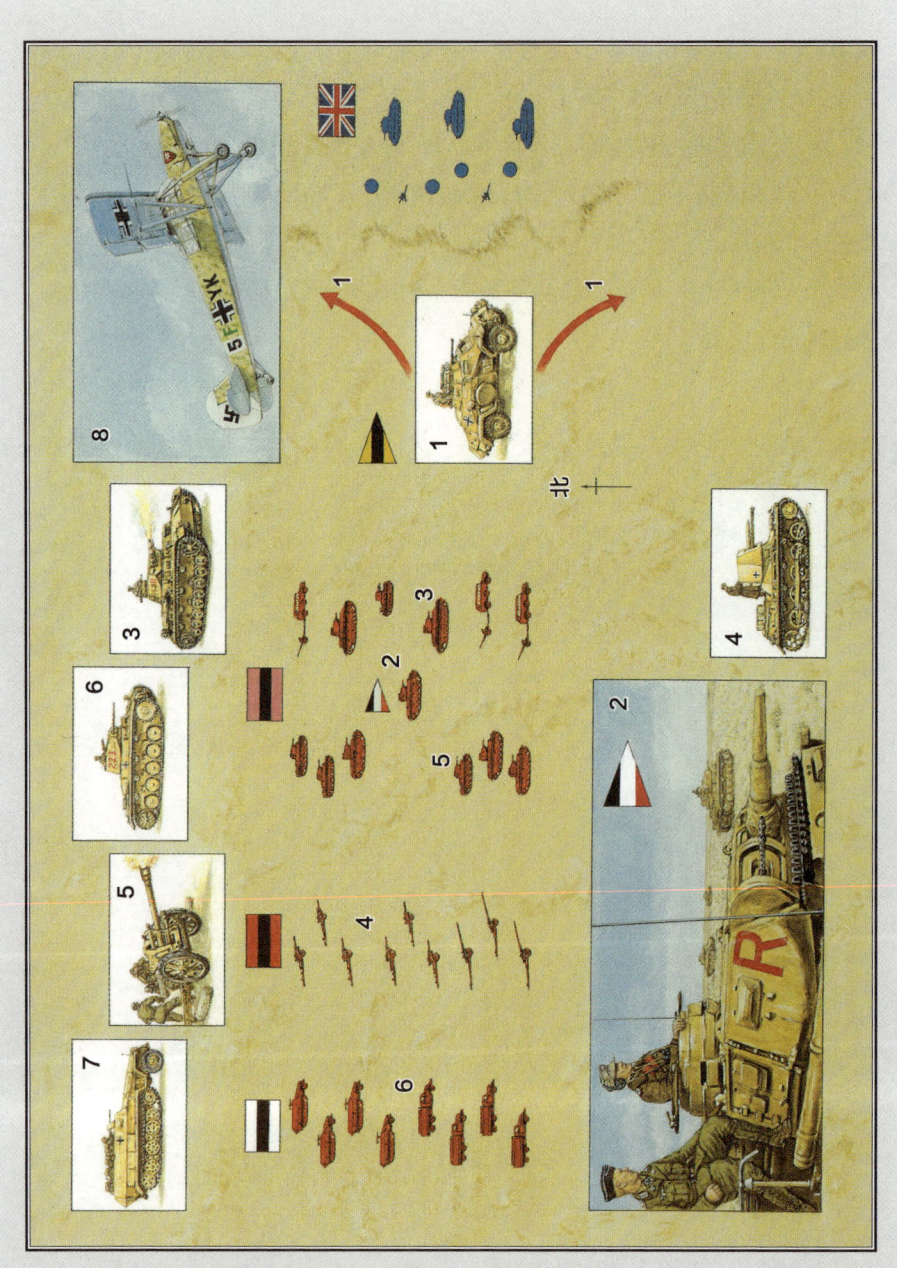

B. 1941年夏，进攻中的德国第15装甲师（示意图，未按真实比例绘制，每个车辆符号或火炮符号大致代表一个连）

76

✳ B. 1941年夏，进攻中的德国第15装甲师

与强调高速机动和分散机动的"富勒-霍巴特"装甲战理论相比，德国装甲师的机动速度实际上是比较缓慢的，旨在保持诸兵种的密切协同。这种从容不迫的系统作战思路有助于指挥和控制。重要的是，该作战思路还允许部队将火力集中于一个选定的地点。这幅示意图展示了一场"普通"的战斗：

1. 当德军第15装甲师行进时，第33侦察分队的摩托车、装甲车和轻型坦克会在该师的前方和侧翼进行掩护；"小插图1"展示的是一辆SdKfz 222轻型装甲车。该侦察分队的任务是找到敌军，并不断向上级报告敌情，以便师长制订作战计划。师长将根据具体情况决定是与敌交战，还是脱离接触。无论如何，该师每天都会在某些时候停止前进、收拢队形和进行补给，而这会严重影响任何计划好的作战行动的准时实施。

第15装甲师师长诺伊曼-西尔科（Neumann-Silkow）少将在其三号指挥坦克内指挥战斗（小插图2），直至1941年12月6日中炮身亡。这种车辆的炮管和防盾都是木制的"假货"，这是为了在车内腾出空间，以便安装更多的电台及其他指挥设备。有不少历史照片显示，诺伊曼-西尔科乘坐的指挥坦克带有代表第8装甲团团部的"R"标志。

2. 假设师长决定进攻，他会先进行远程火力打击。

3. 上述决定意味着，他将让一线的装甲车辆和反坦克炮前进至距离敌军约2000码处，即敌军反坦克炮射程（通常只有800码出头）之外的地方。配发给第8装甲团第4连和第8连的四号坦克（小插图3）将用高爆弹轰击敌军。与此同时，第33摩托化反坦克分队的牵引式反坦克炮，以及当时拥有的少量一号坦克歼击车（小插图4）将提供掩护，以防范敌军的反击。

4. 第33炮兵团的105毫米野战炮（小插图5）和150毫米野战炮也一同参与炮击。炮击的主要目的是压制对方的反坦克炮与步兵，乃至迫使其撤退。如果对方坚守阵地，那么师长会根据侦察报告和他亲自看到的证据重新考虑

战术选择。如果炮击看起来已经严重杀伤了敌军，尤其是压制了敌军的大部分反坦克炮，那么可以尝试全力突击。不过在这种情况下，也很少有德军指挥官愿意让部下发起冲锋，除非有事关战役大局的原因需要他们这么做。实际上，德军在这方面表现出的谨慎态度是惊人的，而且德军往往会在炮击过后就偃旗息鼓。

5. 如果师长下令发起突击，那么冲锋在前的将是第8装甲团的坦克。当时，该团的每个营都装备了三号坦克，但是每个营仍有1到2个连装备的是二号轻型坦克（小插图6），而这些轻型坦克在部队获得更多的中型坦克之后会被用于执行侦察任务。这些坦克会排成进攻队形冲向敌军，而牵引式反坦克炮和四号坦克将紧随其后。一旦进入射程范围内（很可能在600码至800码之间），这支部队将主要使用穿甲弹，与对方的坦克和反坦克炮交战。

德军某师师部的 SdKfz 251 半履带指挥车，其特点包括铁皮三角旗（见小插图2）和特制无线电设备的大号天线。在照片的左侧，地面上的野战电话线暗示附近至少还有一个师部单位，正与其进行不会被截获电波的安全通信。（私人收藏）

6. 如果旗开得胜，第115摩托化步兵团或第200摩托化步兵团的步兵将搭乘卡车和半履带车迅速赶到，以便占领并扫荡目标纵深。性能出色的SdKfz 251半履带车（小插图7）可搭载一个完整的步兵班。然而，这种车辆总是不够多，最多只能装备该团的一个营，而其他营就只能乘坐各种各样的卡车（既有德国造的，也有缴获的）。

隆美尔的专机（小插图8）。这是一架由菲泽勒（Fiesler）公司制造的Fi-156"鹳"式侦察机，编号为"5F＋YK"，由第14侦察机大队第2中队提供。在任何一场战斗打到白热化之时，隆美尔这位集团军司令都很有可能亲临前线。这样的举动或许会激怒当地的指挥官，但也可能对下级的战术安排施加着眼于战役层面的影响。

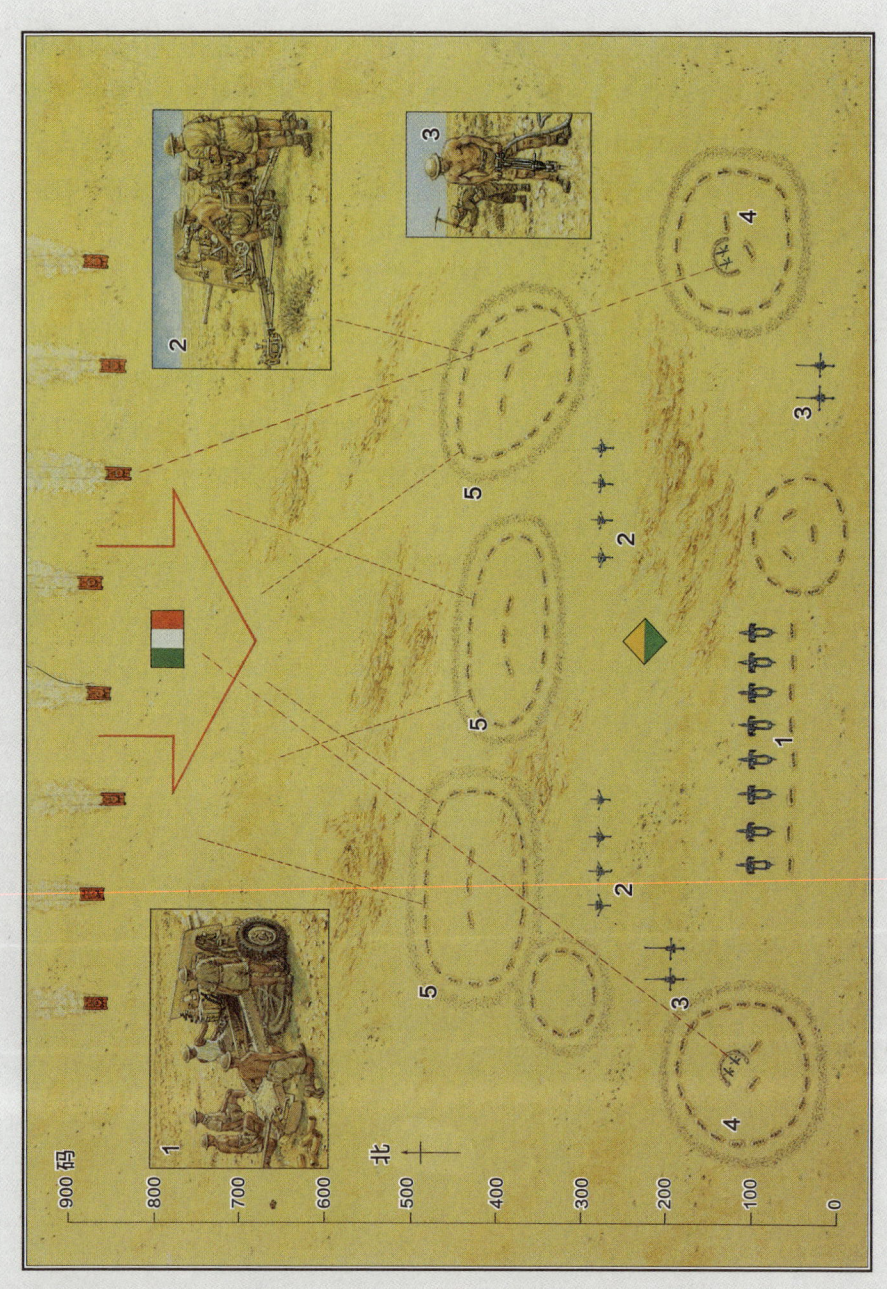

C. 1941年11月21日，西迪雷泽，防御中的英军步兵（示意图，未按真实比例绘制）

✤ C. 1941年11月21日，西迪雷泽，防御中的英军步兵

在1941年整年和1942年的大半年里，英军作战的主要弱点是其步兵因缺乏有效的反坦克武器而普遍存在的畏惧心理。这种畏惧心理有一部分是敦刻尔克战役造成的，但也缘于步兵对其手中的反坦克武器的威力认识不足。理论上，英军一个步兵师拥有四种反坦克武器，这使其在面对敌军坦克时足以自保。"博伊斯"反坦克枪（出人意料地）能够有效对付最轻型的坦克（意大利M11/39坦克、德国的一号坦克和二号坦克），但这种武器并未给英军步兵信心。步兵们确信自己需要一些威力更大的便携式武器，但这种武器（即PIAT）直到1943年才出现。2磅反坦克炮在1941年还能有效对付战场上的所有坦克，但这种性能卓越的专用武器在此后便逐渐过时。承担反坦克任务的40毫米"博福斯"高射炮通常只有在生死存亡的危急时刻才被投入战斗，威力强大的3.7英寸高射炮更是如此。野战炮团的25磅加榴炮虽然炮口初速较低，但也确实适合承担反坦克任务。

这几种武器各自都有各种各样的问题，尤其是"博福斯"高射炮和25磅加榴炮。二者都是高平两用的火炮，如果被用来射击坦克，那就无法发挥其主要作用。按照理想情况，所有这些不足都可以通过为步兵提供步兵坦克来弥补——按每个步兵师配一个陆军坦克旅或每个步兵旅配一个步兵坦克团的比例提供坦克。但在实战中，步兵不一定能得到这样的支援，而且通常会觉得为其提供支援的坦克远远不够。然而，这并非事实的全貌，因为历史记录显示轴心国装甲部队确实很多时候都被英军步兵击退，有时甚至在为拉近距离而发起的冲锋中被击退。这张十字军行动期间的战斗示意图就是一例，图中描绘的是1941年11月21日西迪雷泽机场以南的南非第5旅一部得到南非第9野战炮连和南非第3反坦克炮连的支援。当天，南非人成功击退了德国和意大利装甲部队的多次试探性进攻，并击毁7辆坦克。所以说，在反坦克问题上，乐观的看法和悲观的看法显然都有道理。

说到英军步兵针对敌方步兵及炮兵的防御，采取的办法就是构筑与欧洲

战场上样式相同的全方位防御工事，并召唤迫击炮和支援火炮来加强步兵的步枪、手榴弹和机枪的火力。连锁支援的射界，尤其是"维克斯"重机枪和布伦轻机枪的阵地要布置好。但在沙漠中，必不可少而车身很高的运输车辆没有可躲避敌军炮火的地方，除非有人不辞辛苦地为其挖掘很深的避弹坑。因此，这些运输车辆在白天通常会躲在射击阵地后方数英里处，只有到了夜间才会返回。在1942年5月至6月的贾扎拉，英军各步兵旅"方阵"的间隔也被安排得过大，以至于相互间无法提供有效支援而被敌军各个击破。更糟糕的是，被击破后，英军步兵又发现自己无法搭乘运输车辆逃跑。

1. 南非第9野战炮连承担反坦克任务的8门25磅加榴炮（小插图1）。
2. 南非第3反坦克炮连的8门2磅反坦克炮（小插图2）。
3. 南非第5师轻型高炮团的4门"博福斯"高射炮，被用于反坦克任务。
4. 某步兵分队支援连的4挺"维克斯"重机枪，从步兵阵地按预先标定的火线射击。
5. 步兵排阵地，其中设有布伦机枪火力。每个步兵排阵地都被一道大体呈椭圆形的战壕围住，排部分队位于阵地中央，而连部位于略靠后的位置。因为所处位置靠后且电台只够用于与营部联络，连部就通过通信员徒步传递信息的方式来进行观察和控制。在运动战中，布置铁丝网通常是很难的，而布置雷场所需的时间还要长得多。

在沙地或松软的土地上掘壕，这从来都不是难事。然而，沙漠地形中有很大一部分区域的沙子都被吹走或被冲走。因此在这些区域裸露的岩床上，步兵哪怕只挖一个浅浅的避弹坑都面临难题。在这样的防御阵地里，战壕的挖掘只能靠工兵使用风镐和炸药来完成（小插图3）。

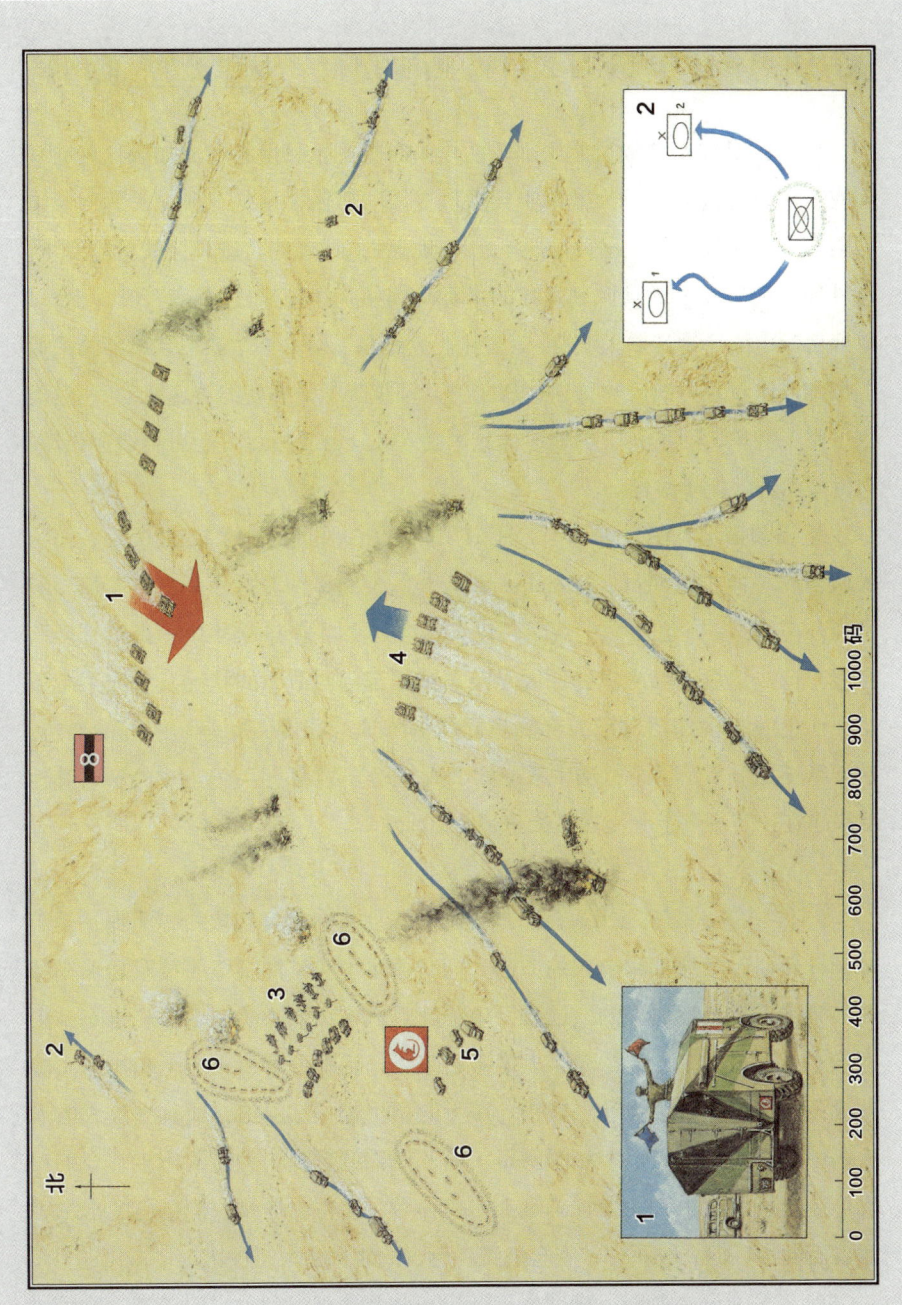

D. 1941年11月23日，西迪雷泽，一场"逃难"的图解（示意图，未按真实比例绘制）

✵ D. 1941年11月23日，西迪雷泽，一场"逃难"的图解

盟军步兵在遭遇敌方装甲部队的攻击时会产生恐惧心理。如果这种心理在战况危急时传染给了为盟军步兵提供支援的运输车司机，那么其恶劣影响可能会被放大数倍。在这种情况下，大规模溃逃或者叫"逃难"就可能发生。这种现象还有几个颇具讽刺意味的名称，例如"炸营""逃金潮"，以及赛马爱好者口中的"姆瑟斯大奖赛""贾扎拉大跑马"等。英军第7装甲师的战后汇报则以比较官方的口吻称这一现象为"辎重队毫无必要的快速机动"。这类例子举不胜举，而步兵防御阵地被敌军突入或迂回（后者可能更会造成恐慌）时发生溃逃的例子最多。

这幅图描绘了在1941年11月21日西迪雷泽机场被攻陷的两天后、德国人所谓的"悼亡星期日"（Totensonntag）发生的事件。这一天，英军第7装甲师和南非第5旅辎重队的大量软皮车辆遭到德国第15装甲师一部的迂回和突袭。造成这场灾难的主要原因是英军情报部门对敌方的状况及意图了解不足，而上级指挥部门对己方部队巩固防御阵地的速度又有不切实际的期待。这一事件凸显了十字军行动中浓厚的"战争迷雾"（不过，沙漠中的所有其他战役也在一定程度上弥漫着"战争迷雾"）。

1. 德国第8装甲团出人意料地出现在东北方向并发起攻击，而那正是英军预计新西兰增援部队会来的方向。面对德军坦克，沙漠中的英军运输车队四散奔逃。在一场典型的"逃难"中，越野汽车、旅行轿车、小型卡车、中型卡车、重型卡车、救护车、火炮牵引车（无论牵没牵引火炮）和抢修车等各式各样的车辆都会被卷入其中。车上的司机都不知所措，而且当敌人的炮火击中其中的部分车辆（如图所示）时，他们就会处于恐慌的边缘。个别司机可能会接纳逃难者和受损车辆上的幸存者，这也会导致他们自己的卡车因超载而抛锚。但一般而言，安全逃脱者所占的比例会大得惊人。

2. 当辎重队逃跑时，南非人的装甲车从侧翼观察到敌军的进展，然后用

能够凑到的少数"牙齿"武器（主要武器见下方编号3、4）与敌军正面对抗。

3. 一些过时的南非18磅野战炮和几门2磅反坦克炮。

4. 一些"十字军"坦克。

5. 此时，指挥第7支援群的坎贝尔准将把这些武器都集中起来并向敌人发起反冲锋，而坎贝尔本人带着几个参谋逆行迎敌。

传奇的维多利亚十字勋章获得者——"苏格兰佬"坎贝尔以身作则，挽救了英军的荣誉。在他的装甲指挥车（尽管司机强烈希望开得更快些，但坎贝尔坚持要求车速不能超过每小时8英里）上，坎贝尔打开车顶舱盖，露出上半身，用临时制作的红色和蓝色小旗尽力号召战斗车辆和火炮迎击来势汹汹的德军坦克（小插图1）。

6. 第7支援群还有一些步兵阵地。

这幅示意图展示了这类逃难的早期阶段，即敌人仍在现场的时候。但该图没有呈现的是在此后的三四天里，英军不得不收拢逃散的司机和车辆，对他们进行甄别，并让他们找到各自所属的单位。在辽阔的沙漠中，这可能是一个非常漫长的过程。因此，部队战斗力遭受的总体损害可能远大于短短的最终伤亡名单所体现的损失。

坎贝尔准将的第7支援群包含了第7装甲师的大部分步兵和炮兵。按照战前的理论，该支援群应半独立于该师的两个（后来是三个）装甲旅作战；其任务仅仅是保护供坦克后撤后进行休整的基地或"港口"，而不是与坦克一同机动（小插图2）。这种理论导致了不幸的后果。1941年11月23日，该支援群处于孤立无援的境地，大部分机动运输车辆都得不到保护，因为该师的大部分坦克都在别处。

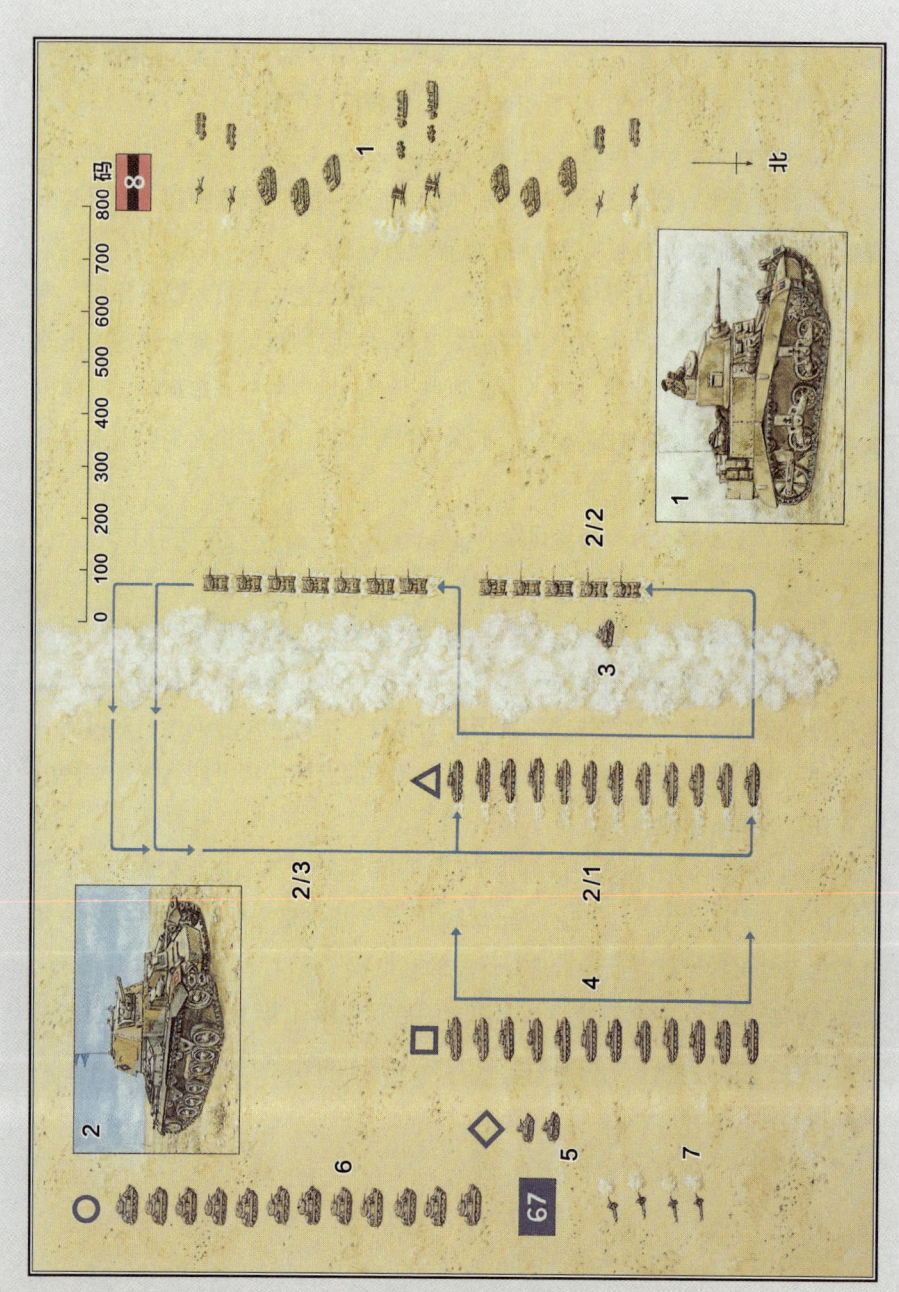

E. 1942年5月28日，贾扎拉，进攻中的巡洋坦克（示意图，未按真实比例绘制）

✳ E. 1942年5月28日，贾扎拉，进攻中的巡洋坦克

在贾扎拉战役的第一天，隆美尔绕过南方侧翼实施的大纵深迂回完全出乎英军意料。在此后的48小时里，双方进行了一连串混战，并且都损失惨重。但最初"被打了一闷棍"的英军只能理清部分战斗。其中，在英国第2装甲旅与德国第15装甲师的厮杀中，该旅下属的第10骠骑兵团按照其在几个星期前精心演练的战术（如图所示）发起了几次中队级别的进攻。

这套战术的基本思路是，德军的反坦克武器能在远达2000码的距离上造成致命杀伤，而英军只能在大约600码的距离上击毁德国坦克，所以关键就在于如何安全地拉近双方的距离。对此，英军选择的解决办法是让炮兵在距敌600码处释放一道烟幕，以掩护排成横队前进接敌的英军坦克。然后，这些坦克将在理想的战术距离上驶出烟幕，再在原地旋转90度，以便排成纵队并在移动中进行舷侧齐射。英军希望以这种方式同时集中整个中队的火力来打赢"坦克战"。如果交战不利，那么整个中队不会再按照糟糕的传统鲁莽地进行"巴拉克拉瓦式冲锋"，而会退入烟幕中，回到其出发阵地，然后重复上述步骤。与此同时，这支中队后面的一个中队将追随其脚步，按照同样的步骤发起攻击。这种"骑兵回转"式打法将一直持续到部队需要补给为止。

这套战术被认为存在三个弱点。一是，负责释放烟幕的炮兵将无法发射高爆弹来压制敌方的反坦克炮。和在先前的战斗中一样，英军装甲旅仍没有足够的炮兵来承担这一任务，而德军通常能更好地集中火力。二是，在移动中射击的理念本身就值得怀疑。出于多种原因，英军装甲兵一直信奉这一理念并为之刻苦训练，但坦克在静止状态下无疑比在移动状态下更容易击中目标。三是，坦克排成纵队横向移动，而不是以正面装甲迎敌，这也是很危险的，因为坦克会将其侧面和行走机构暴露给敌人。尤其是，当坦克纵队前方的烟幕映衬出目标的剪影时，这些排成一排的坦克就像是游乐场射击摊上的鸭子靶标。

1. 德国第15装甲师的坦克和反坦克炮,其中包括一些88毫米炮。

2. 第10骠骑兵团A中队的"十字军"坦克排成横队接近(2/1);接着,穿过烟幕,再在原地旋转90度,以便排成纵队并在移动中向侧面开火(2/2);再做两次90度转向,最后回到烟幕后面,排成最初的横队(2/3)。

3. 皇家骑炮兵的观察员乘坐一辆"斯图亚特"坦克(小插图1),在烟幕前方边缘的位置引导炮兵火力打击敌人。

4. 第10骠骑兵团B中队的"十字军"坦克接近,准备跟随A中队穿过烟幕。

5. 第10骠骑兵团指挥部的"斯图亚特"坦克;蓝色旗帜上印的白色数字"67"为该团的战术序列号。

6. 第10骠骑兵团C中队的"格兰特"坦克作为重装预备队留在后方。

7. 皇家骑炮兵使用25磅炮来发射烟幕弹以维持烟幕,还发射高爆弹去压制敌人。

1941年的A9坦克(小插图2)。在"格兰特"坦克到货前,第8集团军只有这类近距支援坦克能够发射高爆弹。而且不幸的是,这类坦克的数量极少。

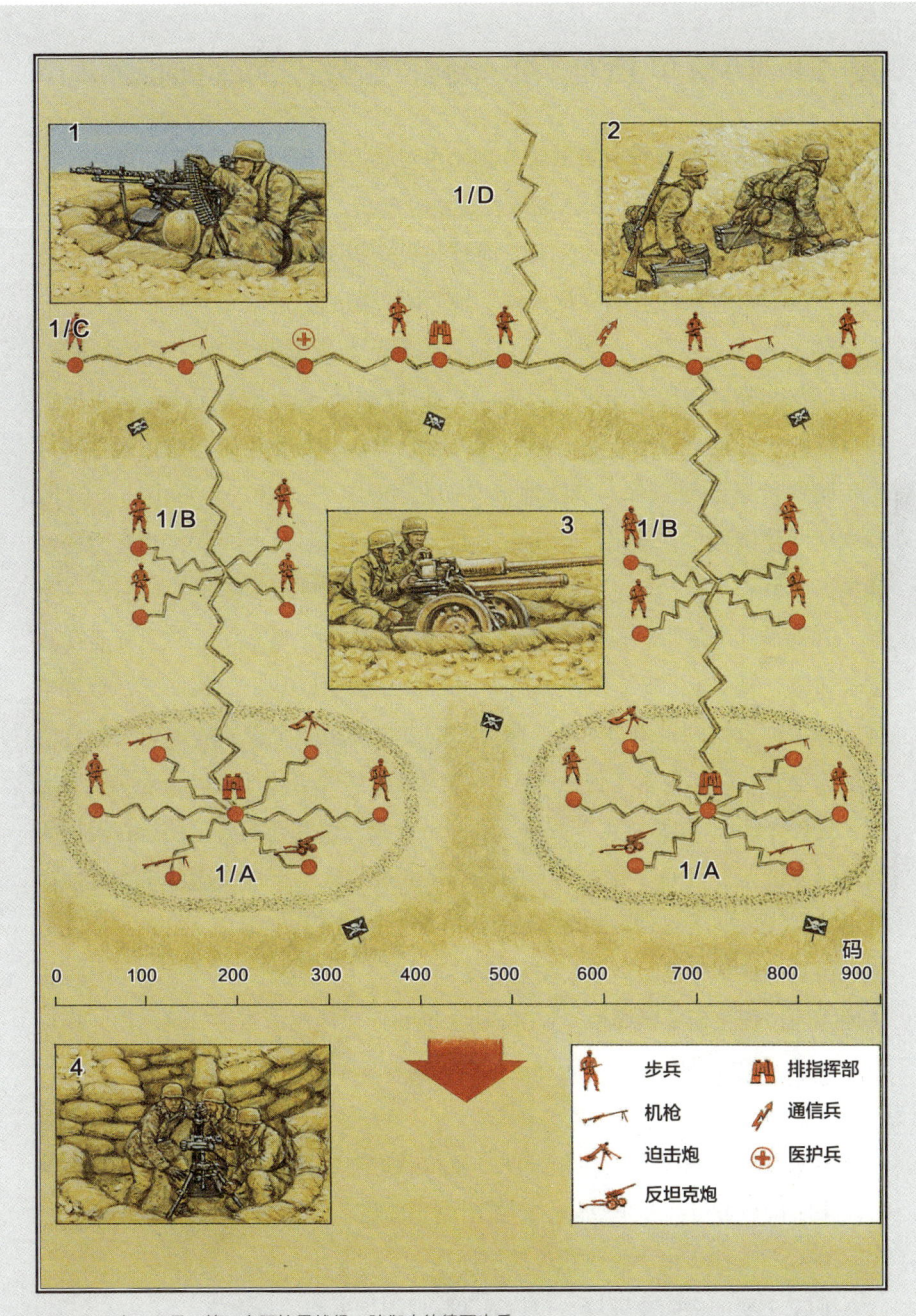

F1. 1942年10月，第二次阿拉曼战役，防御中的德军步兵

图例	
步兵	排指挥部
机枪	通信兵
迫击炮	医护兵
反坦克炮	

F1. 1942年10月，第二次阿拉曼战役，防御中的德军步兵

第二次阿拉曼战役由英国第8集团军对轴心国预设防御阵地实施的一系列进攻组成。大多数时候，这场战役是双方步兵、炮兵和地雷战部队的较量。双方的装甲兵通常只能扮演配角，而且装甲车辆不仅在雷场中寸步难行，也很难突破非常有效的反坦克炮火网。轴心国防御的关键在于其步兵及支援部队的部署方式。为对付敌方步兵，轴心国部队布置了铁丝网、反步兵地雷、机枪以及间瞄射击的迫击炮与大炮；为对付敌军坦克，则布置了反坦克地雷和直瞄射击的反坦克炮。轴心国的兵力被分散在非常宽广的防御正面，而且由于防御体系纵深很深，沙漠地形又如此开阔（在这样的地形中，一门88毫米炮即使被架设在前沿阵地后方2000码处，也能发挥作用），其兵力密度就显得更小了。

在前沿作战地带，每千米约有一个营的兵力（约500人）。这意味着在防御最前线，每千米的守军还不足一个连的兵力（约120人），因而必须把每个排的作用都发挥到极致。对此，隆美尔的办法是把每个排的阵地布置成自给自足的全方位防御要塞（他从1941年5月首次防守哈法亚山口以来就成功运用了这种办法）。这种阵地都配备了充足的食物、水和弹药，这使排在被切断后路时也能坚守。每个排与后方的联络又通过"之"字形交通壕（不过往往挖得非常浅）网络得到"强化"。隆美尔还从不把整片地幅都交给意军独立防守，而是将德军分遣队与意大利友军交错部署，以坚定盟友的斗志。英国第8集团军的情报主任威廉姆斯（Williams）准将形象地比喻道，这是"德国鲸须撑起的意大利紧身胸衣"。

1/A. 这些排阵地都有步枪分队、机枪、迫击炮和反坦克炮，而且都被设计用来防御敌方步兵和坦克的"地雷沼泽"环绕。

1/B. 与一些步枪手掩体相连的交通壕。

1/C. 主要的横向交通壕，包括战斗阵地的指挥和后备设施。

1/D. 该阵地的后方还会有一个或多个类似的阵地；这些阵地中有射程较远的反坦克炮、野战炮兵，最后还有随时准备投入反击的装甲部队。

德国空军的"拉姆克"（Ramcke）伞兵旅——此处展示的是其中的一个MG 34机枪组（小插图1）——在隆美尔防线的中央，面向鲁维萨特岭（Ruweisat Ridge）建立阵地。该旅处在意大利"博洛尼亚"（Bologna）步兵师和"布雷西亚"（Brescia）步兵师之间。伞兵们通过一条浅浅的交通壕，向前方运送弹药（小插图2）。拉姆克少将的三个伞兵营没有运输车辆，也缺乏重武器。在这里，伞兵们操作的是一门意大利47/32反坦克炮（小插图3），这是因为性能优越的德国50毫米炮无法被配发到每个阵地。该部自身也有轻型支援武器，例如这门80毫米迫击炮（小插图4）。

2/I

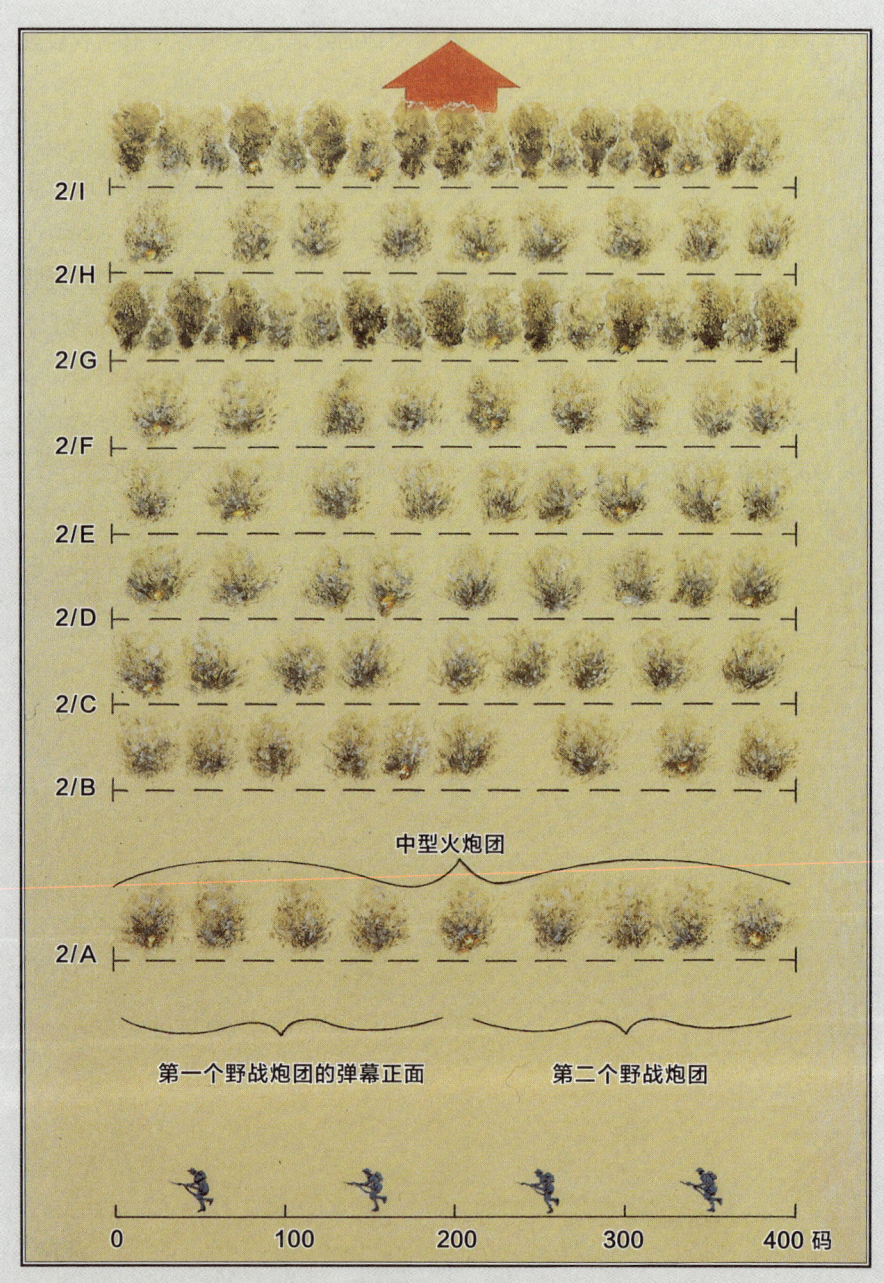

2/H

2/G

2/F

2/E

2/D

2/C

2/B

中型火炮团

2/A

第一个野战炮团的弹幕正面　　　第二个野战炮团

0　　　　100　　　　200　　　　300　　　　400 码

F2. 1942 年 10 月，第二次阿拉曼战役，英军炮兵的火力任务

✽ F2. 1942年10月，第二次阿拉曼战役，英军炮兵的火力任务

除了排雷，突破轴心国防御的主要法宝还有徐进弹幕，而这也是在1916年至1918年就发展起来的、久经考验的战法。为了探索行之有效的运动战学说，英国第8集团军在沙漠里折腾了两年，到头来还是采用了这种战法。徐进弹幕需要大量炮位布置合理且炮弹供应充足的火炮，还需要士兵们一丝不苟地完成勘测、绘图和策划工作。在人迹罕至的沙漠地带发生的快节奏遭遇战中，士兵们不可能临阵不乱地完成这些准备工作。但是从第二次阿拉曼战役开始，英军就在一系列阵地攻防战中系统性地运用了这一战法。其中，最值得一提的是英军在1943年4月6日的阿卡利特干谷之战中运用了一系列特别复杂的徐进弹幕。和所有间瞄射击（即根据地图参照坐标或前进观察员的指示"盲射"）一样，徐进弹幕对无防护或防护不足的部队杀伤力巨大，并且可以有效摧毁半埋炮位（这类炮位的性质决定了它没有顶棚防护，但炮手可以躲进避弹壕）中的火炮。

使用徐进弹幕为的是在己方步兵排成散兵线前进时压制其前方的敌人，并使步兵在到达目标时敌人仍处于畏缩和麻木的状态。这种弹幕由多条环环相扣的不断落下的高爆弹、榴霰弹乃至烟幕弹的弹幕线组成，并且会以一定的速度（通常为每4分钟100码）向前推移。在这张示意图中，两个野战炮团和一个中型火炮团射出交错的弹幕线；两个野战炮团的弹幕线间隔50码，中型火炮团的间隔100码。这套系统使弹幕后面的步兵可以前进到与最近的弹幕线隔开"安全"距离（各种文献说法不一，为100码至25码不等）的位置，然后炮火再进行下一次延伸。理论上，在步兵前进的这个过程中，他们会把所有敌军阵地上的守军在敢于将脑袋探出工事之前就消灭掉。之后，他们又不断地实施这样的进攻。

2/A. 第一个野战炮团（3个25磅炮连）在H时打出的第一道弹幕，落在从出发阵地开始前进的步兵的前方约150码处。等步兵进入距这道弹幕25

码至 50 码以内的地方，快"贴上"这道弹幕时，该野战炮团就要准备进行第一次炮火延伸。

2/B. 第一个野战炮团的炮火在 H＋4 分钟时延伸了 100 码，并到达这条线。

2/C. 第二个野战炮团在 H 时打出的第一道弹幕，落在这条线前方 50 码处。

2/D. 第一个野战炮团在 H＋8 分钟时将炮火延伸至此处。

2/E. 第二个野战炮团在 H＋4 分钟时将炮火延伸至此处。

2/F. 第一个野战炮团在 H＋12 分钟时将炮火延伸至此处。

2/G. 中型火炮团（5.5 英寸炮）在 H 时打出的第一道弹幕到达此线；第二个野战炮团在 H＋8 分钟时也将炮火延伸至此处。

2/H. 第一个野战炮团在 H＋16 分钟时将炮火延伸至此处。

2/I. 中型火炮团在 H＋4 分钟时，第二个野战炮团在 H＋12 分钟时将炮火延伸至此处。

G. 1942 年 11 月 5 日，追击中的英国装甲兵

G. 1942年11月5日，追击中的英国装甲兵

在第二次阿拉曼战役之后的追击中，英国装甲兵的装备已有改善，不仅有新式M4"谢尔曼"坦克，也有换装了6磅反坦克炮的"十字军"坦克。这两种坦克既能发射穿甲弹，也能发射高爆弹。因此，即便没有野战炮兵的帮助，二者应该也能压制住敌军的反坦克炮。不过，自1942年6月的"贾扎拉大跑马"以来，英军坦克兵们已经学会了谨慎（或者被消磨了斗志），不再愿意单枪匹马地与敌军的反坦克炮交手。此外，从贾扎拉战役开始，用于支援坦克的野战炮在前线也逐渐增多，这就使英军可以采用一年前不曾试过的"双重保险"策略。

这张彩图描绘的是英军向马特鲁港追击期间发生的一场颇为典型的遭遇战。该图根据基思·道格拉斯精彩的回忆录——《从阿拉曼到宰姆宰姆》（*From Alamein to Zem Zem*）第56页至第59页的记述绘制，而道格拉斯本人作为舍伍德游侠团的一员，也亲身经历了这一战。舍伍德游侠团，又名"诺丁汉郡义勇骑兵团"，是一个以"三句话不离爱马"著称的骑兵团。该团的坐骑从军马换成坦克还不到一年；1942年11月5日，隶属第10装甲师第8装甲旅的舍伍德游侠团暂时担任第8集团军前锋的"尖刀"，而该团的几个中队分别装备了"谢尔曼"坦克、"格兰特"坦克和配备6磅炮的"十字军"坦克。该团遭到德军一支小规模后卫部队的阻击，而这支德军部队既有88毫米炮，又有坦克支援。图中有被道格拉斯作为地标提及的Ju87B"斯图卡"的残骸，这是北非战场上随处可见的战斗遗迹之一。英军坦克部队按照其日益习惯的做法，立即呼叫皇家骑炮兵用25磅炮发射高爆弹去打击敌军阵地。与此同时，"十字军"坦克中队冒着炮火前进。幸运的是，当英军的炮弹开始落下时，德军的火炮就被挂上牵引车，有些匆忙地离开了战场。同时，英军的6磅炮反坦克分队也正在等待上级命令，准备前出巩固已占领的阵地。由此可见，英军的诸兵种协同自1941年以来已经取得长足进步，而这次小小的"焰火节"战斗或许可代表第8集团军一路拖泥带水地

追击到突尼斯时所遭遇的众多战斗。

1. 在 4000 码的距离上，作为预备队的德国坦克隐藏在热霾之中。

2. 在 2000 码的距离上，88 毫米炮在遭到 25 磅炮的轰击时就被挂上牵引车撤退了。

3. 执行侦察任务的第 11 骠骑兵团的装甲车（有一辆"十字军"坦克曾朝其开火）正在撤退。

4. 舍伍德游侠团的两辆"十字军"坦克冒着 88 毫米炮的远程火力，提心吊胆地前进。

5. 皇家骑炮兵的前进观察员搭乘着"斯图亚特"坦克，以引导炮兵火力。

6. 舍伍德游侠团的"谢尔曼"坦克中队跟在后面；该中队的坦克爬上一道山梁，准备用其高爆弹与炮兵一起轰击敌方火炮。

7. 88 毫米空爆弹。88 毫米炮这种高平两用的高射炮 / 反坦克炮其实还有第三种用途，那就是将其作为中型火炮进行间瞄射击。英军后来也让一个装备 4 门缴获的 88 毫米炮的小队执行这种任务。

6 磅反坦克炮（小插图 1）曾被用于贾扎拉战役，但数量不足，未能对那场战役产生多少影响。这种武器最闪耀的时刻是英军在第二次阿拉曼战役中防守"鹬鸟"阵地时。此后，6 磅反坦克炮成为英军任何进攻行动中都不可或缺的武器，既被用于巩固刚刚占领的阵地，又被用来防范敌军的反扑。

油料和弹药的补充以及机械的维护是坦克兵在劳累一天后不能不做的任务。在钻进毯子里休息之前，他们得再花上好几个小时来完成这些任务。给"格兰特"坦克补给和保养的步骤如下：第一步，用 5 加仑汽油桶给坦克加油（要给一辆"格兰特"坦克加满油，需要人工搬运大约 30 个沉重的汽油桶），同时让另一名坦克手维护履带并给车尾的诱导轮上润滑油（小插图 2）；第二步，给主炮补充 75 毫米炮弹（小插图 3），这意味着要拆封并搬运 48 发 20 磅重的炮弹；第三步，擦洗 75 毫米炮的炮膛（小插图 4）。

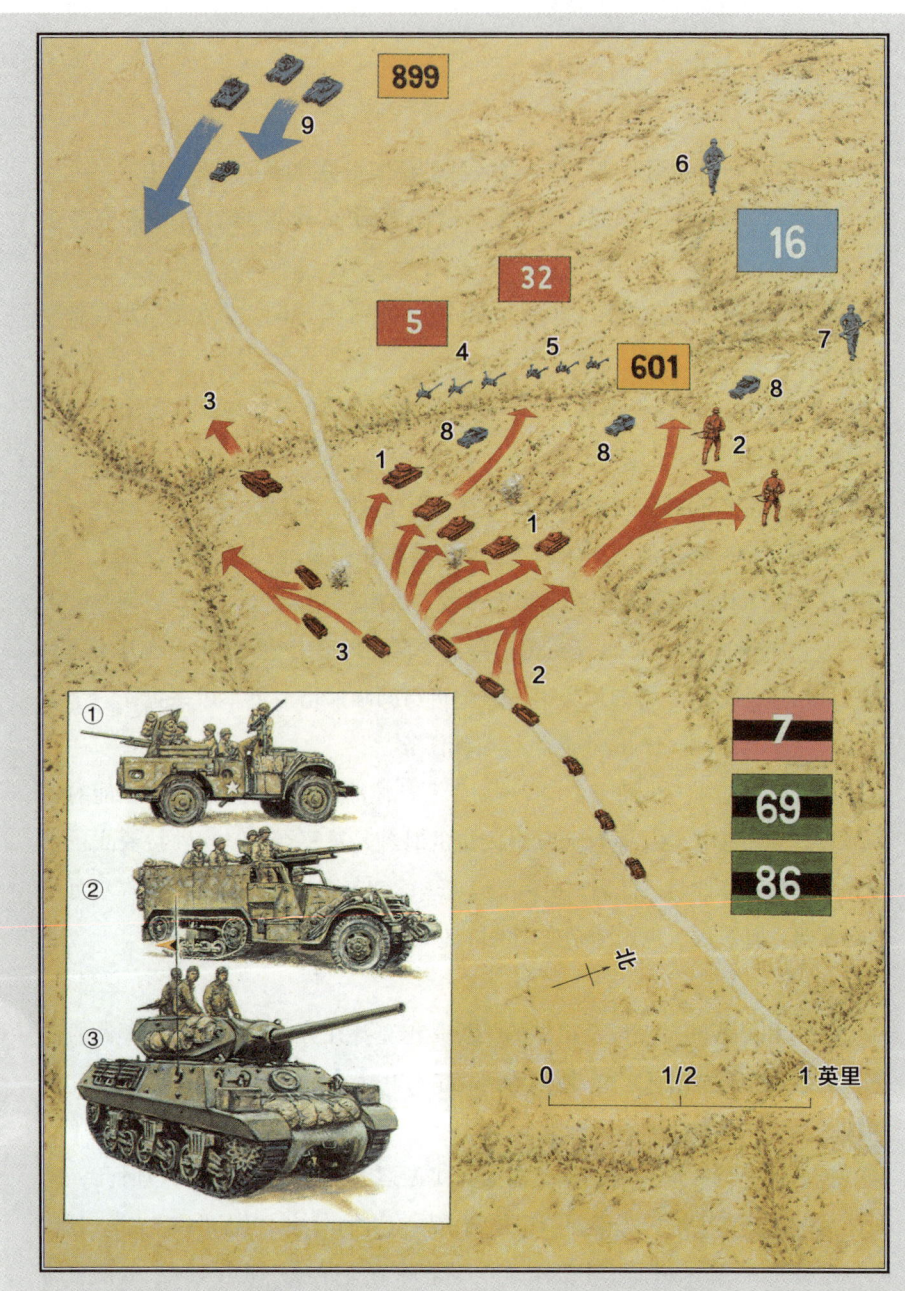

H. 1943年3月23日，盖塔尔，防御中的美国坦克歼击车（示意图，未按真实比例绘制，每个车辆符号或火炮符号大致代表一个连）

✹ H. 1943年3月23日，盖塔尔，防御中的美国坦克歼击车

在1943年2月中旬所谓的卡塞林山口之战（实际战场远不止卡塞林，还包括其他许多地方）中，轴心国的进攻引发了第二次世界大战中美德两国装甲兵的第一次大规模较量。尽管几度陷入严重恐慌，但盟军最终还是赢得了决定性胜利。到3月初，隆美尔因患黄疸病和沙漠疮而不得不回到德国，轴心国军队的作战指挥权就被移交给冯·阿尼姆将军。不久后，盟军重启攻势。3月22日，美国第1步兵师从盖塔尔向东南和南方推进，兵锋直指加贝斯。只过了一个晚上，冯·布罗伊希中将指挥的第10装甲师就以一个强大的战斗群从东南方向发动反击。冯·布罗伊希拥有的二号坦克、三号坦克和四号坦克共计57辆，但其中只有16辆四号G型坦克配备长身管的75毫米炮。他的步兵搭乘的车辆包括SdKfz 251半履带车、缴获的美制M3半履带车和各种杂牌卡车。3月23日一早，冯·布罗伊希男爵的装甲掷弹兵打响战斗。他们一开始就打通了15号公路（从加贝斯自东向西延伸至盖塔尔）东段并控制了两翼。

这幅示意图再现了当天上午10点左右的局势。当时，美军正在紧邻主要公路北侧和西北侧的高地上进行防守。由于德军的装甲突击是沿着公路径直向西的，位于更东边的大部分美军步兵阵地就被绕过或被遮断。但到了"336高地"西侧，这个缓缓移动的"钢铁方阵"（也被各种文献形容为"铜墙铁壁"或"钢铁堡垒"）撞上了美军第601坦克歼击营以37毫米卡车炮和75毫米半履带自行火炮射出的火网。美军第16步兵团第2营、第5野战炮营和第32野战炮营也进行了激烈抵抗。这四个营构成一股各式兵种均匀混合的力量，其中包括步兵、炮兵和坦克歼击部队。在这场1943年的"坦克战"中，第601坦克歼击营的75毫米半履带自行火炮已经严重过时，因而实际担任的是"坦克"的角色。不过，该营采用了在掩体内"探头射击又缩回"的战术，并宣称自己以损失21辆履带车的代价击毁了更多敌军战车。经过一个上午的苦战，德军的攻势最终被遏制，而包括装备最新的M10坦克歼击车的第899坦克歼击营在内的其他美军部队也纷纷加入战斗。这似乎是决定胜负的行动，

因为和半履带车一样，美军的这些坦克歼击车很容易被空爆的炮弹毁伤，但其3英寸炮是比"谢尔曼"坦克的75毫米炮更犀利的反坦克"撒手锏"。战至中午时分，双方都损失惨重，德国装甲部队被迫后撤约6英里。

1. 冯·布罗伊希战斗群的众多坦克（来自第7装甲团）发起初次攻击；德军坦克一度冲破美军炮兵的防线。

2. 德军机械化步兵（来自第69装甲掷弹兵团第2营和第86装甲掷弹兵团第2营）在东面侧翼仰攻高地。

3. 冯·布罗伊希战斗群沿着原来的攻击轴线一路向西突进，最终被美军第899坦克歼击营阻止。

4. 美军第5野战炮营（155毫米炮）。

5. 美军第32野战炮营（105毫米炮）。

6. 美军第16步兵团第3营。

7. 美军第16步兵团第2营。

8. 美军第601坦克歼击营。

9. 美军第899坦克歼击营。

小插图中的三代坦克歼击车包括：① M6卡车炮，一种安装37毫米反坦克炮的道奇¾吨卡车。这种车辆对德军的任何中型坦克或重型坦克都构不成威胁，而且在受到各种武器的攻击时都很脆弱。M6卡车炮仍可用来对付半履带车和软皮车辆，但在战场上，这种车辆能生存下来的唯一方法就是躲在掩体中等待敌军走到距其非常近的地方，然后射出几发炮弹，再立即逃脱。② GMC M3，是安装一门M1897 75毫米野战炮的M3半履带车，其炮架不仅难看，而且方向射角非常有限。在面对敌军坦克时，这种车辆也必须依赖机动力并利用掩体来求生存。③ M10"狼獾"，一种专门设计、制造的重型坦克歼击车。这种车辆采用"谢尔曼"坦克的底盘和轻薄的车体装甲，有一门威力强大的3英寸炮被安装在可360度转动但无顶盖的炮塔中。

注　释

1　参见 Paul Harris 在《人员、理念和坦克》(*Men, Ideas and Tanks*) 一书中堪称典范的讨论。

2　参见 Battle Orders 23, *Desert Raiders: Axis & Allied Special Forces 1940–43*。

3　关于这些问题的讨论，请参见 J.Mearsheimer, *Liddell Hart and the Weight of History*, Cornell (Ithaca, 1988)。

4　J.A.I. Agar-Hamilton & L.C.F. Turner, *The Sidi Rezeg Battles*, Oxford UP (Cape Town, 1957), p.39.

5　示意图见 Jentz，p.169、p.176。

扩展阅读

J.A.I.Agar-Hamilton & L.C.F.Turner, *Crisis in the Desert, May-June 1942* (Oxford UP, Cape Town 1952).

J.A.I.Agar-Hamilton & L.C.F.Turner, *The Sidi Rezeg Battles* (Oxford UP, Cape Town 1957).

Niall Barr, *Pendulum of War, the Three Battles of Alamein* (Cape, London 2004)。这可能是我们这个时代关于这几场战役的最权威的战史。

Peter Beale, Death by Design, *British Tank development in the Second World War* (Sutton, Stroud 1998).

Shelford Bidwell & Dominick Graham, *Firepower, British Army Weapons and Theories of War, 1904-45* (George Allen & Unwin, London 1982).

Michael Carver, *El Alamein* (Batsford, London 1962).

Michael Carver, *Tobruk* (Pan, London 1964).

Michael Carver, *Dilemmas of the Desert War* (Batsford, London 1986).

Keith Douglas, *Alamein to Zem Zem* (PL Poetry, London 1946; Bantam Books, October 1985)。这是一位坦克车长兼诗人的文笔优美的自传。

David French, 'The Desert War, 1940-42' in *Raising Churchill's Army* (Oxford UP, Oxford 2000), pp.212-239.

Paddy Griffith, 'British Armoured Warfare in the Western Desert, 1940-43' in J.P. Harris & F.H. Toase (eds), *Armoured Warfare* (Batsford, London 1990).

J.P. Harris, *Men, Ideas and Tanks, British Military Thought and Armoured Forces, 1903-39* (Manchester UP, 1995).

George F. Howe, *Northwest Africa: Seizing the initiative in the West* (US Army Official History, Washington DC 1957).

Thomas L. Jentz, *Tank Combat in North Africa, The Opening Rounds, February-June 1941* (Schiffer, Atglen PA 1998).

B.H. Liddell Hart (ed), *The Rommel Papers* (Collins, London 1953).

Fred Majdaleny, *Patrol* (Longman & Green, London 1953)。这是关于突尼斯的英军步兵的经典小说。

Bryan Perrett, *Through Mud & Blood* (Robert Hale, London 1975).

二战江河突击战术

第二部分

引　　言

　　江河突击，即在敌军的江河防线上实施强渡，是第二次世界大战中几种难度最大的战术进攻行动之一。无论作战规模是师级、军级还是集团军级的，最初的强渡在很大程度上都是一种战术行动。江河突击通常由不超过一个加强营或加强团的士兵在强大的炮兵支援下展开，以便在河对岸建立据点，而最初的突击通常会使用小型人力桨船或机动冲锋舟。顺利完成最初的突击后，后续部队会尽快过河去清扫并巩固滩头阵地。这一阶段会使用人行桥、渡船和皮筏，同时还要抓紧时间架设可供重型车辆通过的浮桥。已经登上河对岸的部队必须做好立即迎接猛烈反击的准备，并且要坚守滩头阵地，直至足以突破防线的部队赶到。

　　在欧洲战场上，一支进攻中的军队预计每前进25至45英里会遇到一道75至100码宽的水障，每前进100英里会遇到一道200码宽的水障，每前进200英里则会遇到一条宽300码以上的大河。这些河流之间还有数十道"间隙障碍"，即溪流、灌溉排水渠、冲沟、小河和运河等。这些水障虽然相对较小，但都会给渡河部队造成困难，即使这些障碍已经干涸并露出河床，部队也需要动用相当多的资源才能使人员、车辆和重武器通过。另外，在宽广正面上进攻的军队需要架设大量的桥梁，因为单是每个师的前线就需要好几座桥梁，后方也需要众多桥梁才能维持交通线。

　　第二次世界大战的主要交战国军队，无论是美军、英联邦军、苏军还是德军，在强渡江河的战术学说、为强渡及后续建立滩头阵地而提供的装备，以及部队的能力等方面都惊人地相似。这些军队在集齐后面列出的要素之后都成功遂行了强渡：充分的情报、有效的战术策划、对地形和天气的切实考虑、对守军能力的合理评估、参战部队之间的有效协同，以及渡河与架桥装备的及时编组。一旦强渡成功，军队获得的优势可能不只是战役性的，甚至是战略性的。如果军队准备不足，协同不力，那付出的代价就可能是骇人听闻的。

江河详解

　　江河发源于崇山峻岭之中，其上游的水源包括雨水、冰雪融水、泉水和沼泽外溢水等。一个地区的地表水汇聚成小溪，小溪再汇成更大的小河，小河又汇聚成大江大河（由于语言的模糊性，关于究竟多大的水流是小溪、小河或江河，从来就没有确切的定义）。

河水被约束在两岸之间的河道中，但这只是暂时的，季节性的降雨和冰雪消融都可能导致河水泛滥并形成洪灾。江河通常沿着高地之间的谷地流动，而谷地既可能是相对狭窄的峡谷，也可能是宽广的冲积走廊。在岩石地形中，河流可能被夹在陡峭而幽深的峡谷中；较为宽广的河谷地带通常都是冲积层，而这洼地中的肥沃泥土极其适合发展农业。根据地势情况，沿河的某些位置可能形成天然湖泊，但也有许多湖泊是人类修建大坝后蓄水形成的人工湖泊。

在奔腾入海的旅途中，河流的属性和地理特征会发生显著变化。河流在流经高地之间的狭窄深谷并沿陡坡一泻而下时会形成汹涌的激流。此时，河水裹挟着岩石与砾石冲下峡谷并将其磨成沙砾，而沙砾也将逐渐沉积。在下游，随着河水的流速变缓，被卷入水流中的腐败植被和被侵蚀的表层土会形成更为柔软的淤泥。任何一条河床都会因被冲进河里的东西不同而发生不均匀的演变。在地势的影响下，河道可能相对平直，也可能和缓逶迤，还可能呈急弯与蛇曲。在蛇曲处，水流较缓的内侧可能会逐渐形成沙洲或浅滩，而水流较急的外侧可能会冲刷出深深的河道。

江河总能吸引人类定居，而且河道和河谷还可为商业和军事运输提供天然的路线。公路和铁路可能紧贴河道，也可能与河道保持较远距离，有时还会被修筑在足够高的路堤上以防被洪水淹没。在各种大小河流和用于灌溉或水上交通的人工运河的共同作用下，河谷底部会形成复杂的地形，而在陆地线路与河流交错的地方会出现浅滩和渡口。村庄和城镇往往会密集地分布在河流的沿岸，而且较大的城镇还可能横跨两岸，并拥有一座或多座公路桥梁和铁路桥梁。所有这些因素对于军队机动的策划工作都有举足轻重的影响。

读者必须理解河流相关术语的含义。在本文中，"此岸"指的是进攻方所在的河岸，是其进攻的出发地；"对岸"指的是敌军所在的河岸，也就是进攻方的目标（当然，当防守方使用这两个术语时，二者的含义将反过来）；"下游"指的是河水流淌的方向，而最下游的位置就是大海；"上游"则是与水流相反的方向。在欧洲，人们还经常使用"左岸"和"右岸"这两个术语，而这里的左右是以面朝下游的观察者而言的。河流常常是蜿蜒曲折的，用上述术语来取代东西南北指向就可避免混淆。例如，一条河的大致流向或许是自北向南的，但一支处于这条河西岸的部队用"东岸"来称呼对岸时，这可能具有误导性，因为河道的弯曲也许会使这支部队位于这段河道的南岸，尽管该部队仍处于西岸。

桥梁通常横跨溪流、运河、江河、湖泊等水体。"涵洞桥"是较小的桥梁，通常横跨一条很窄的小溪或水渠。小的涵洞桥或许只是一节埋在地下的排水管，大的也不过是一座小型的单跨桥。在美军术语中，涵洞桥的长度都不超过 20 英尺。

作为军事障碍的河流

河岸的形态对渡河作战具有关键意义。河岸可能与水面几乎齐平，也可能高出正常水面数英尺甚至更多。河岸淹没在水下的部分可能是几近垂直的峭壁，也可能是角度很小的缓坡，或者是介于两者之间的陡坡。河岸可能突兀地从水中隆起，也可能在离河水一定距离处隆起，而水边与河岸隆起部分之间的坡面及其构成也很重要。坡面是碎石、淤泥、沙砾，还是在烂泥之上铺的一层很有欺骗性的碎石？

红军工兵正准备通过划船的方式将一节浮桥平台连接到轻型浮桥的一头，请注意桨的长度。这节浮桥平台架在两条 23 英尺长的 NLP 折叠式平底船上。如果两条船的中间加上第三条船，那么这节平台也可当浮筏使用。在选择渡河地点时，河岸的特征与河流的宽度和流速同样关键。当这座浮桥要接到河对岸时，工兵们必须使用手动工具在陡峭的河岸上挖出一条出口匝道，之后车辆和重武器才能通过。（尼克·科尔尼西在 www.Stavka.org.uk 提供）

它能否承受车辆的重量，还是说连步兵的重量都难以支撑？河流的一侧或两侧可能是沼泽或湿地，而各种植被（如芦苇荡、灌木丛或树林）都可能构成渡河的障碍。

多数情况下，一条河的两岸会有非常大的差异。一边河岸可能干硬坚实，另一边却是难以通行的湿地（至少从水边开始的一小块地段是如此）。当一边的河岸相对平坦且近水处只略高于河面时，对面的河岸往往可能有较高的陡坡、峭壁或山丘。如果防守方所在的河岸为高地，那么这条河流就是易守难攻的。有时，一边或两边河岸还有人工修筑的、用于在洪涝季节约束河水的堤坝或石砌挡水墙。

如果使用冲锋舟、登陆艇、两栖车、渡轮或浮桥渡河，那么河流的深度和河底的构造也许就不是什么问题，但如果部队想简单地涉水过河，那么这两个因素就至关重要。水浅的河流不一定适合车辆或人员涉渡，因为河里可能有很深的淤泥、软沙、岩石、卵石或交错缠绕的原木和树桩。很多时候，即使一条河的河床有大半边是可以涉水而过的，在靠近一侧河岸处也会存在一条窄而深的沟渠，从而阻止徒涉。在河底构成、水深和流速都合适的地方可能会形成天然浅滩，而浅滩也可通过改造河道出入口并在河底铺碎石的方法人为制造出来。有时，浅滩或低水位渡口能够在横跨溪流和河流的桥梁边找到。当桥梁被毁且河水处于季节性低水位时，这些浅滩或渡口就可以被利用起来。

一条河的水深和流速绝不是一成不变的，在不同的季节和天气下都会有很大差异，也可能在短短数小时内发生剧变。在夏季，小溪、排水渠乃至较小的河流都可能干涸，或者仅有涓涓细流。这类河流通常可被轻松越过，但陡峭的河岸、较深的主河道（即使已干涸）和河底的障碍可能还要靠事先的准备来克服。秋季的降雨可能使河流的水位显著上升，再加上水流携带的淤泥，这都会使河流更加难以逾越。即使在夏季，尤其是在海洋风暴登陆沿海地区时也会有滂沱大雨。春季的降雨和消融的冰雪会使溪流、江河和湖泊的水位急剧上涨，并可能在河岸和湖岸之外的广泛区域（即洪泛区）造成严重水灾。

在这些季节，江河水量的增大和流速的加快会对小艇、渡船和浮桥的使用产生重大影响，还可能导致它们无法使用，因为大部分浮桥经受不起数节以上的河水流速。泛滥到河道邻近地区的洪水会进一步阻碍作战行动，因为道路和低地变得无法通行，军事设施也无法设置。洪灾期间的另一种危险是能够毁坏桥梁的大块杂物会被冲向下游，而最大的杂物可能是整棵树干。

在一条因春季解冻而泛滥的河边，苏联红军通过《租借法案》获得的两吨半卡车正沿着木板铺成的、部分被淹没的道路行驶。俄罗斯臭名昭著的"распу́тица"（意即几乎无法行车的泥泞季节）还会在每年秋季随着漫长的秋雨再次到来。（位于克拉斯诺戈尔斯克的俄罗斯国家电影照片录音档案馆馆藏，通过 Stavka 网站获得）

潮汐河是指接近海岸的河段，其流速和水深可能受到海潮和风暴潮的影响。因此，潮汐河的上游常常会设置控制水流的水闸和船闸，而且平行的河道还可能被运河连接起来。防守方如果控制了这些设施，就可以通过开闸放水来阻碍进攻方的行动，甚至使其无法渡河。1944年1月，在意大利，当英军第46师企图渡过位于低地的加里利亚诺（Garigliano）河时，德军从地势较高的利里（Liri）河放出的水把加里利亚诺河谷变成一片汪洋，这彻底打消了英军的渡河念头。与英军的做法不同，美军第35步兵师在法国找到一位当地的工程师，并听取了他关于如何操纵维尔（Vire）河水闸的建议。因此，美军工兵在该师需要渡河时就会打开水闸以降低水位，随后又关闭水闸以保护该师的侧翼。美军发现下游德军有一座水下桥梁。于是，在一天晚上，美军关闭了水闸并将水位提高了七英尺。据称，此举导致不少德军士兵和马拉火炮被淹没。

✵ 穿越冰封的河流

在苏德战场的许多地方，交战双方都需要计算车辆和人员在冬季穿越冰封的河流和湖泊的可行性。冰层的厚度和状态不同，其承重能力也会不同。即使冰层最初能让车辆通过，繁忙的车流也会使冰层变得脆弱，而冰层在解冻和重新冰冻的过程中都很脆弱。接触水面的冰层可以承载较大的重量。如果水位下降使冰层和水面之间出现空隙，冰层的承重能力就会减弱。透明的新冰层比白色、多孔的旧冰层坚固。天气转暖时，即使冰层厚度不变，其承重能力也会快速减弱。新冻结的、与水面接触的透明冰层可承载的物体列举如下：

1.5英寸厚的冰层，可承载单兵；
2英寸厚的冰层，可承载排成稀疏队形的步兵；
4英寸厚的冰层，可承载单马；
6英寸厚的冰层，可承载排成行军队列的步兵、骑兵以及轻型机动车辆；

8英寸厚的冰层，可承载超过2.5吨重的马拉轻型火炮和轴载荷不超过2.7吨的四吨轮式车辆，而且车辆间距至少为65英尺；

12英寸厚的冰层，可承载轴载荷不超过7吨的十吨轮式车辆，而且车辆间距至少为65英尺；

14英寸厚的冰层，可承载二十吨轮式车辆，而且车辆间距至少为100英尺；

18英寸厚的冰层，可承载轻型坦克和中型坦克，而且车辆间距至少为100英尺。

简易渡河法

小规模分队或巡逻队可能需要在夜间或其他能见度有限的条件下渡河，以便侦察、清障或占据立足点。对于这些部队，简易渡河法会很有用。不过，这类方法不能让大量人员和器材渡河，因此在大规模突击中用处不大。

如果要涉水过河，士兵们往往要脱掉他们的鞋子，而且在冬季还要脱掉裤子。如果河水较深，士兵们也需要脱掉其他衣物。哪怕是一条浅浅的小溪，涉渡可能也并不轻松。一条深 6 英寸、流速不过每小时数英里的小溪就足以让一个漫不经心或平衡能力欠佳的人摔倒。拉一条横跨河流的绳索，这个方法能为涉渡的士兵提供很大帮助。另一个好办法是每个士兵在其偏向下游的一侧挂一根拐杖，以便支撑身体并对抗水流的冲击。

河流的流速很重要。因为 3 英里/小时的流速会使游泳渡河的士兵向下游漂移相当长的距离，所以士兵每小时大概只能前进 1 英里半的距离。如果士兵使用了浮力器材和/或携带了装备，这个速度只会更慢。无论使用何种浮力器材，游泳过河的士兵都免不了浑身湿透。这会降低作战效率，而且在寒冷的天气中还可能使人衰弱。即使在 26°C 的温暖条件下，长时间浸泡在水中也会导致低温症（核心体温过低），而在 10°C 的水中浸泡 1 个小时就能致命。

如果一个士兵不仅穿着吸饱水的制服，还被随身的靴子、武装带、弹药包、水壶、口粮、工兵铲、刺刀、钢盔、步枪等装备拖累，那么他基本上不可能游泳渡河。这些累赘在干燥状态下就有近 40 磅重，在浸湿后还会更重。因此，必须使用一些方法来增加士兵的浮力，而且最好让士兵和其装备分别浮起来。一种历史悠久的浮力器材是柴捆。数根被截成长 3 至 5 英尺不等的树枝用绳索或铁丝绑紧，就可组成一捆直径为 1 至 3 英尺不等的柴捆。一捆小型的柴捆就足以让一个人漂浮在水面。用防水帆布（如帐篷布或雨披）严密包裹住柴捆，这能进一步增大其浮力。原木也可用来制作木筏，但未经干燥的原木往往饱含树液，无法提供足够的浮力，可能入水即沉。有时，木棉救生衣也可用来增加浮力，但许多型号的救生衣不足以浮起带着战斗负重的士兵。美军配发了围在躯干上的 M1926 充气式救生腰带，但这种装备不能让人在水里保持头上脚下的姿态，必须同时围上两条才行。

美国陆军在条令中规定一种双人"步枪浮筏"可在 7 分钟内制作完成。制作

苏联境内的某些区域，特别是北方和中部的普里皮亚季（Pripyet）地区，遍布沼泽、湿地和成串的小型湖泊。这些地方虽然水浅，却仍是严重的障碍。不得不涉渡这些地方的部队人员会很快耗尽体力，而且在天气寒冷时还会被冻伤。在这些地区，被征用的轻型舟艇和临时拼装的浮筏都发挥了巨大作用。从这两张照片上可以看到，苏联红军 45 毫米 M1942 反坦克炮的炮组和步兵班的人员站在几乎浸没于水中的木板浮筏上，用撑杆推动浮筏前进。除非有密封的油箱或油桶提供浮力，使用原木和木板制作的浮筏都会大半浸没在水中。叠在一起的两扇木门只能勉强浮起一个人，如果木门太重，还可能沉没。（位于克拉斯诺戈尔斯克的俄罗斯国家电影照片录音档案馆馆藏，通过 Stavka 网站获得）

这种浮筏时，士兵要先将两块帐篷布摊在地上，并且要将其中的一块叠在另一块的上面，再把两人的背包和脱下的衣物放在帐篷布上；接着，将搭成十字的两支步枪放到背包和衣服上，以起到支架的作用；最后，用帐篷绳将下层帐篷布的四角分别拴到步枪的枪口和枪托上即可。另外，用2根3英尺长的木棍或2根帐篷支柱代替步枪并以上述方式制作的浮筏也足以承载1挺轻机枪、1门60毫米迫击炮或2支BAR。

空油罐、55加仑油桶、大部分交战国军队使用的5加仑油水罐或其他任何可密封的容器都能为单兵提供足够的浮力。车轮内胎虽然效果差一点，但也可被利用起来。将众多容器捆在一起或固定在木质框架上，这就能得到堪用的木筏。大多数军队都制订了用油桶支撑木制框架来制作木筏的方案。依照这些方案制作的木筏能够承载相当重的重量。苏军使用的一种木筏由3对8英尺长、8英寸宽、2英寸厚的木板制成。每对木板下面有4个油桶且被铁丝交叉固定住，而且这3组油桶和木板的间隔为1英尺。木筏两端还各有1块横向固定的木板。这样的木筏可搭乘24名士兵，如果铺上甲板，还可承载1门反坦克炮及其炮组。

美国陆军还想到一招，那就是先把一辆吉普车开到一块摊开的12英尺×17英尺的防水帆布（或者从两吨半卡车上拆下的12英尺×13英尺6英寸的篷布）上，再将帆布的四边向上折起并用绳索扎紧（当然，帆布的任何孔洞和裂缝都必须打好补丁）。用帆布包裹起来的吉普车虽然重达3300磅，却真能浮在水面上，还能被船拖曳。吉普车专用的四分之一吨拖车是水密的，并且在满载货物的情况下也能浮起来。两个人坐在一辆这样的空拖车里，甚至可以通过划桨（笨拙地）渡过流速缓慢的江河。

索桥可被快速架设，而且具有让士兵保持干燥的巨大优势（当然，总得有人先带着绳索游过河并将其固定住）。单股索桥要求士兵倒挂在绳索下方进行牵引横渡。这种方式在士兵携带装备时很消耗体力，而且无论绳索绷得多紧，士兵爬到绳索最后三分之一处都要"上坡"。双股索桥由两根绳索组成，其中的一根绳索在另一根的上方4至6英尺处，两根绳索之间每隔一段距离就有横撑短绳相连。这种索桥不仅能让士兵侧身拉着绳索过桥，而且相当稳定。三股索桥由一根在低处供脚踩的绳索和两根在高处供手扶的绳索组成，三根绳索又通过"V"字形布置的横撑绳按一定间隔连接。这种索桥搭建起来需时最长。英军的突击队和空降部队以及美军的游骑兵常常配发"扣索"（Toggle Rope）。这种绳索长 6 到 8 英尺，一头有一个打结的绳环，另一头有一个横穿在绳索上的木制棒形纽扣，而这个棒形纽扣可以扣住另一根扣索的绳环。因此，无论有多少扣索，它们都能首尾相连。

1943 年，在苏格兰的阿克纳凯瑞（Achnacarry）训练中心，英军突击队员正在训练通过"扣索桥"。这是一座三股索桥，使用多条扣索作为"V"字形横撑。其实，比起这种三股索桥，两根长绳上下排列的、通过垂直横撑相连的双股索桥更加稳定。（帝国战争博物馆，编号 H26620）

工兵舟艇

各国军队中的工兵都使用小型舟艇进行侦察，运送人员和装备，牵引或推动浮筏和渡船，协助架桥，以及执行各种杂务。这类舟艇通常是使用它们的部队的编制装备，但在某些情况下，它们会被集中起来，并根据需要被分配给各支部队。

冲锋舟通常是全木（木板或胶合板）结构的，其体型小巧且相对轻便，这是因为乘员需要将这类舟艇抬到水边。冲锋舟在抗轻武器打击能力方面比充气艇强。大多数冲锋舟都没有座椅，这是为了腾出尽可能大的空间来装载更多的乘员和货物。绕在船舷周围的救生索也可充当搬运提把。冲锋舟可以配备舷外发

型号	船员/载客数或载货能力	长	宽	高	重量
冲锋舟性能参数					
美军					
M1冲锋舟	2人/9人	13英尺6英寸	5英尺11英寸	2英尺1英寸	200磅
M2冲锋舟	3人/12人	13英尺5英寸	5英尺11英寸	2英尺1英寸	410磅
M3突击艇	2人/7人或1880磅	16英尺9英寸半	6英尺6英寸	1英尺10英寸	440磅
多用途艇*	2人/10人或4000磅	18英尺	6英尺7英寸	3英尺2英寸半	1800磅
英军					
MkⅠ冲锋舟	2人/7人	12英尺1英寸	4英尺8英寸半	1英尺11英寸	174磅
MkⅡ冲锋舟	2人/7人	12英尺1英寸	4英尺8英寸半	1英尺6英寸	162磅
MkⅢ冲锋舟	2人/16人	16英尺11英寸	5英尺6英寸	(-)	350磅
MkⅠ突击艇	2人/18人或3500磅	20英尺	6英尺7英寸	(-)	1500磅
德军					
39式轻冲锋舟	2人/6人	19英尺7英寸	5英尺2英寸半	3英尺	441磅
42式重冲锋舟	3人/40人（最多）	47英尺7英寸	9英尺9英寸半	(-)	20944磅
41式摩托艇	2人/6人或3400磅	23英尺	6英尺8英寸半	(-)	4000磅

* 美军的多用途艇和德军的摩托艇都被用于架设桥梁、推动浮筏和其他任务，但也可在突击阶段之后被用来运送人员。
(-) 表示数据不可考。

动机，但这样的冲锋舟很少且仅有特殊用途（德军配备内置发动机的冲锋舟是个例外）。冲锋舟通常靠乘员划桨来推进。有的冲锋舟不配船桨，士兵就只能使用木杆、木板和步枪来划船。除了有一名操纵方向的舵手，还必须有一两名工兵桨手负责将冲锋舟划回此岸。不过在某些情况下，第一波冲锋舟会被直接丢弃，留待日后回收。

依靠划桨推动的小船，其航速通常为3英里/小时。因此，即使河水流速只有3英里/小时，这对靠划桨推进的小船来说仍然过快。到达对岸之前，小船可能因水流作用而向下游漂移很长距离，而且风也会影响小船的漂移。漂移是制订突击计划时必须考虑到的因素，而且在宽阔而湍急的河流上，漂移对小船的影响更加显著。这会导致小船到达对岸的时间被延迟，其暴露于敌军炮火下的时间显然也更长。对于宽度不足200英尺的河流，士兵可在突击阶段过后架设横跨河流的绳索，以便后续小船的乘员拉着绳索过河。在某些情况下，绳索可连接到小船的两头，以便让两岸的士兵（最终让过河的卡车）拉着小船来回。

折叠艇经常被用于突击任务。英军称这种小艇为"FBE"，（Folding Boat Equipment 的首字母缩写，意思是"折叠艇装备"），有时也称其为"Fol-boat"。折叠艇的优点是可折叠成扁平状并叠放在卡车上。折叠艇有两种，一种采用防水

| 折叠艇性能参数 ||||||
| (这类小艇可用于突击和侦察，也可充当桥脚舟和小型渡船) ||||||
型号	船员/载客数或载货能力	长	宽	高	重量
英军					
FBE Mk Ⅲ *	5人/16人或2750磅	21英尺11英寸	6英尺8英寸半	2英尺11英寸	940磅
苏军					
MSL	1人/4人或800磅	11英尺	3英尺11英寸	1英尺4英寸	132磅
DL	2—4人/10—12人或3000磅	18英尺	4英尺11英寸	1英尺8英寸半	375磅
NLP	5—9人†或10000磅	23英尺	6英尺	2英尺8英寸半	900磅

* 早期FBE Mk 的性能参数与之相似。
† 以划桨推动时搭载的船员数；采用舷外发动机时搭载的船员为2人。

帆布船舷，另一种采用胶合板制作的船舷和船尾，以及纵贯艇身的帆布"铰链"。两种折叠艇都采用木制船底，并且在使用时都只需展开内部的支架和横撑条，即可维持小船的形状。

这类舟艇通常是靠划桨推动的，但军队也会使用机动的多用途小艇，例如在架设桥梁时用其把浮桥分段推动到位；用其协助修理、牵引或推动浮筏；将其当作快递船以及用于各种杂务。这类舟艇也可用于运送突击部队，而且通常比大多数机动冲锋舟更大、更快。

充气艇性能参数					
型号	船员/载客数或载货能力	长	宽	高	重量
美军					
2人侦察艇	2—3人	8英尺	3英尺9英寸半	1英尺9英寸半	25磅
6人侦察艇	4—6人	(-)	(-)	(-)	78磅
6吨橡皮艇	15—30人	20英尺	6英尺	2英尺	375磅
英军					
侦察艇	2人	6英尺7英寸	2英尺7英寸	1英尺3英寸	40磅
苏军					
LMN	1人/5人或1400磅	10英尺6英寸	4英尺	1英尺4英寸	95磅
LG-12	3人/10—12人或3000磅	16英尺5英寸	5英尺3英寸	1英尺7英寸	176磅
A-3	10人*/20人或6000磅	20英尺	7英尺6英寸	2英尺9英寸半	900磅
DLP	5—9人*/8—12人或6000磅	15英尺	6英尺2英寸半	3英尺	704磅
德军					
34式小型橡皮艇	3人或660磅	9英尺8英寸半	3英尺8英寸半	1英尺4英寸	116磅
中型橡皮艇	7人外加1.35吨	18英尺	6英尺1英寸	2英尺2英寸半	330磅
大型橡皮艇	(-)外加13.5吨	26英尺	9英尺8英寸半	(-)	637磅

* 以划桨推动时搭载的船员数；配备舷外发动机时的船员为2人。
(-) 表示数据不可考。

同样得到广泛运用的是充气艇。充气艇也被称为"橡皮艇",通常以黑色橡胶制成,但有可能被涂上比较不显眼的颜色。有些充气艇是以军绿色帆布制成的,其内部有橡胶或合成胶涂层。充气艇都有多个隔室,每个隔室都可单独充气。因此,即使大部分隔室被击穿,充气艇仍能维持一定浮力。小型充气艇可以依靠嘴吹气来充气,而较大的充气艇会配备手动的或脚踩的充气泵。在有条件的情况下,充气艇还可使用空气压缩机来充气。修理工具箱和木制堵漏塞都是充气艇的必备用具。

充气艇浮力惊人,能够运送与其体积相称的沉重物体。即使是小型充气艇,也能用于搭建浮桥或充作渡船。充气艇只要使用了"鞍形"适配装置,就可将车行桥的分段横放在其上。以若干艘这样的充气艇为基础,那就可以拼装出能够运输小型车辆或反坦克炮的渡船。大部分充气艇是靠划桨推动的,但有些带木质船尾的充气艇可加装舷外发动机。

在苏联境内,德军的中型橡皮艇(德文为 mitte Schlauchboote)正搭载着步兵渡河。这样 1 艘充气艇大概能搭载 18 人,2 艘可运送 1 个步兵排的人员。远处的工兵艇员正划着空艇返回,以便搭载下一批人员。(私人收藏)

在一座小城的狭窄河流上，德军工兵已将几艘 18 英尺长的中型橡皮艇系在一座倒塌桥梁的桁架上。他们正在将双排木板固定在这些充气艇的附件上，以便充气艇首尾相连，从而搭出一座步兵人行桥。（私人收藏）

被征用的民船和渡轮，或者从小帆板、方头平底小船到大型渔船在内的任何船只都可被用于渡河。当然，撤退中的军队会把不能带走的船只全部破坏。

美军的 M2 冲锋舟

美军的 M2 冲锋舟也被称为"胶合板舟"。这种冲锋舟被广泛使用，有时还被供应给英联邦部队。作为一种冲锋舟，M2 主要被用于运送渡河行动中的先头部队。这是一种方驳型小船，其船头为方形，船尾采用方方正正的垂直挡板，船底也是扁平的，只在靠近船头处略微上翘。M2 冲锋舟没有座椅。两个铰链状附件可使

1945 年，法德边境的摩泽尔（Moselle）河。前景中，M2 冲锋舟的"方驳"外形清晰可见。在其后方，一个步兵支援浮筏正载着 1 辆吉普车、1 辆拖车和 20 多名士兵过河。这个浮筏包含 3 对冲锋舟和 2 条平行的胶合车行板。每条车行板由三节（每节长 14 英尺，宽 3 英尺 1 英寸）组成，而两条车行板的间隔为 2 英尺 6 英寸。浮筏由中间那艘冲锋舟上的 1 台 50 马力"喜运来"舷外发动机提供动力。当这台发动机发生故障时，左边冲锋舟上的那台备用发动机可提供动力。多个这样的浮筏可连在一起，组成一座步兵支援桥。（汤姆·莱姆林/装甲板出版社）

两艘 M2 冲锋舟船尾对船尾地连接起来，还有一个定位销，用于锁定铰链。这样成对的冲锋舟（全长 26 英尺 11 英寸，排水量为 8000 磅）可充当步兵支援浮筏的浮舟，也可被用来快速架设临时的冲锋舟浮桥。M2 冲锋舟的两侧船舷内都有成对的板槽，用于安放胶合板制的桥板。

在摩泽尔河的岸边，工兵们正在帮助第 90 步兵师的士兵登上一艘 M2 冲锋舟。请注意，船尾板边缘的铰链状附件和定位销。这种铰链状附件可使两艘 M2 冲锋舟船尾对船尾地连接起来，而这样的两艘 M2 冲锋舟可充当浮桥的桥脚舟。照片中的 SCR-300 步话机和无线电台表明这是一个连部指挥组。士兵们的行李稍后会由连辎重队运过河。因此，他们用绳子把当天的"K 口粮"（K-Ration）匆匆拴在了装具上。（汤姆·莱姆林 / 装甲板出版社）

在每艘 M2 冲锋舟配备的 9 支船桨中，位于船每侧的 4 支船桨供乘客跪着使用，1 支用于操纵方向。M2 冲锋舟的船员是 3 名受过训练的战斗工兵。其中，1 名船员负责操纵方向，2 名船员为前排桨手，负责帮助乘客上下船并将空船划回去。7 艘被嵌套在一起的 M2 冲锋舟能被放置在两轮拖车或两吨半卡车上，并被运到渡场附近；而在平坦的道路上，10 艘冲锋舟可用同样的方式进行短途运输。要将

1945 年，德国，配备一门 60 毫米迫击炮的美军步兵班正快速离开一艘用胶合板制造的 M2 冲锋舟。在照片的前景中，将冲锋舟遮住大半的是一艘 18 英尺长的多用途汽艇。这种汽艇可用于架桥和推动浮筏。（汤姆·莱姆林 / 装甲板出版社）

在卢森堡的奥莱沃（Olervaux）附近，美军第 6 装甲师的一个装甲步兵重机枪班正通过一座步兵支援桥。这座桥使用几艘 M2 冲锋舟和一条胶合板车行道搭成。用船尾对船尾成对连接的冲锋舟和两条车行道搭成的类似桥梁可以支持步兵营编制内的轻型车辆通过。（汤姆·莱姆林 / 装甲板出版社）

1艘410磅重的M2冲锋舟抬到水边，船的两侧就各需要4至6人。与此同时，2名工兵要负责搬运和分发船桨，而跟在后面的舵手要指挥下水。搬运时，冲锋舟应船底朝上并被搬运到水边的最终隐蔽地点，之后再被翻转为正常姿态，以便被搬到水边并下水。M2冲锋舟可以安装一台小型舷外发动机，但这种发动机很少。满载的M2冲锋舟因干舷仅高8英寸而不能在风浪较大的情况下使用。除了3名船员，1艘M2冲锋舟还能搭载1个全副武装的12人制步兵班，或者2个10人制轻机枪班、2挺气冷式机枪和20箱弹药，或者1个7人制重机枪班、1挺水冷式机枪和13箱弹药，或者2个10人制60毫米迫击炮班、2门迫击炮和72发炮弹，或者1个7人制81毫米迫击炮班、1门迫击炮和50发炮弹，或者8人制的通信排接线班和全套装备。组合在一起的2艘冲锋舟可以搭载1门37毫米反坦克炮、5名炮手和100发炮弹，而这2艘船只需要一个3人制船员组。

美军还使用一种19英尺长、3100磅重的舟桥汽艇。由于配备的是1台92马力的发动机，这种舟桥汽艇的航速为18英里/小时。27英尺长、6325磅重的舟桥汽艇则可承担运输任务，而且这种舟桥汽艇配备的2台92马力的发动机使其航速也能达到18英里/小时。

英军的折叠艇和硬壳艇

英军使用最广泛的几种小艇之一是1928年列装的Mk Ⅰ冲锋舟。这是一种折叠艇，采用胶合板船底、雪松板条地板、帆布船舷和刚性的木制船舷上缘。在折叠状态下被平放时，Mk Ⅰ冲锋舟只有4英寸高。20世纪30年代中期研制的Mk Ⅱ冲锋舟采用的是防滑橡胶地板垫（过渡的Mk Ⅰ A也采用了类似的橡胶垫）而非板条，这有助于减少登船时的噪声，还略微降低了船舷的高度。Mk Ⅰ冲锋舟的两侧船舷各有2个锁定撑竿，船头有1个锁定撑竿，而Mk Ⅱ冲锋舟的两侧各有2个，船头有2个。Mk Ⅰ冲锋舟的船尾板采用胶合板。

1艘Mk Ⅰ冲锋舟通常配发5支船桨。除了有2名负责划桨的船员，这种折叠艇还需要从7名乘客中选出2名来划桨。这样一支队伍的布伦机枪通常被架在船头。Mk Ⅰ冲锋舟可由6个人抓着其船舷凸缘来搬运。这种船既可充当轻型浮桥的桥脚舟，也可组成浮筏。使用特制附件的Mk Ⅰ冲锋舟可搭载1门2磅反坦克炮，而组合到一起的2艘Mk Ⅰ冲锋舟就可搭载1辆履带式布伦机枪装甲车。

1944年9月，在奈梅亨（Nijmegen）大桥下游2千米处，美军第504伞兵团第3营就用这种不带发动机的冲锋舟于大白天横渡了400码宽的瓦尔（Waal）河。不过在该营得到的26艘Mk Ⅰ冲锋舟中，只有11艘能够返回并进行第二次横渡。

1938年推出的FBE Mk Ⅲ也被称为"戈特利艇"（Goatley）。这种折叠式冲锋舟比Mk Ⅰ冲锋舟和Mk Ⅱ冲锋舟都大。由于首尾都是尖的，FBE Mk Ⅲ可通过划桨或绳索牵引来实现前后移动，而不必掉头。FBE Mk Ⅲ采用木制船底、帆布船舷和木制船舷上缘，还有撑起帆布船舷的撑竿（两侧各4根，船头和船尾各1根）。船舷配有辅索，整艘船配有5支船桨。FBE Mk Ⅲ可充当浮桥的桥脚舟，

1944年1月，英军步兵使用FBE Mk Ⅲ横渡意大利的一条河流。请注意木板条铺成的甲板和帆布船舷内侧的撑竿。这些小船被漆成鲜艳的豌豆绿色（参见本部分彩图B2）。(帝国战争博物馆，编号NA10860）

用其搭建的浮桥可供人员和轻型车辆通行，而且最高可达MLC9。1944年，某些部队开始配发50马力的"喜运来"舷外发动机或2马力的"强森"舷外发动机。因此，FBE Mk Ⅲ的船员数减为1人。实践证明，这两种发动机的性能都不稳定，所以二者后来就被英国4马力的"海鸥"发动机取代。

　　Mk Ⅰ突击艇是一种钝头的硬壳小艇，其尾部三分之一的船舷装有长条座椅。在满载的情况下，Mk Ⅰ突击艇的干舷也有12英寸高。由于船尾有发动机架，Mk Ⅰ突击艇可安装1台"喜运来"舷外发动机。当3艘这种突击艇被嵌套在一起后，1辆卡车就可放在其上进行运输，而且车上还能放置12段车行桥板。

德军的39式轻冲锋舟

　　德军的"1939年式轻冲锋舟"（简称"39式轻冲锋舟"）在同类装备中是独一无二的。39式轻冲锋舟全长19英尺7英寸，采用硬壳木质结构，船头为尖的，船底为平底且在船头处上翘，船尾板为平直的。为这一中规中矩的设计赋予独特性和高效性的是它那名为"动力桨"的动力系统。这套由4缸30马力发动机、油箱、控制装置和轴长8英尺11英寸的螺旋桨组成的动力系统采用一体化设计，并被安装在船尾板的枢轴上。专职舵手通过两个手柄摆动发动机轴来使航速可达16节的、高机动力的39式轻冲锋舟转向（不过缺点是舵手必须保持直立姿态并始终暴露在炮火下）。其螺旋桨的吃水深度是可变的，这在浅水区域是个优点。39式轻冲锋舟也有缺点，即13英尺4英寸长、412磅重的动力总成（几乎比冲锋舟船体本身还重）至少需要5个人来抬。因此，整艘39式轻冲锋舟的搬运至少需要8人，而这比其能够搭载的乘客还多。

　　几乎纵贯39式轻冲锋舟整个船身的救生索也可被用于搬运。这种冲锋舟搭载2名船员，还能搭载6名携带作战装备的士兵，而乘客可将自带的机枪架在船头。在第一波突击队控制对岸以后，39式轻冲锋舟的一侧可拴上一艘中型或大型的充气艇。这样一来，每次过河只需一艘冲锋舟的动力就可运送更多的士兵，尽管速度会慢一些。冲锋舟的船尾要凸出于充气艇之外，以免影响"动力桨"的转向。

　　德军的这种冲锋舟有三个版本。最初的版本是完全敞开的。较大的加盖版本有艏楼，并且在其扇形端（船头和船尾部分）加装了甲板以防河水溅入，还有一个安装在右前侧的机枪座；这些改装使本来就重达441磅的冲锋舟又增加了165

磅的重量。更晚的版本绰号为"schottenboot",意为"苏格兰艇",得名于其模仿的苏格兰小型渔船的部件。该部件被安装在船头和船尾隔板上,以进一步减少溅入船内的河水,从而提高适航性。

在烟幕的掩护下,一个德军工兵正在指挥另外八名士兵将一艘39式轻冲锋舟拖到水边。请注意那独特的"动力桨"。这套动力系统将30马力的发动机、油箱和长长的螺旋桨轴组合为一个总成。这个总成体积臃肿且极为笨重,但它使39年式轻冲锋舟的最大速度达到16节。德军有10支250人编制的突击队都使用冲锋舟。每支轻冲锋舟突击队下辖3个排,每排有7个班。连同备用装备在内,每支轻冲锋舟突击队共有81艘冲锋舟。在1944年至1945年期间,这些突击队的番号被改为"轻冲锋舟连"。(私人收藏)

工兵舟桥分队

在第二次世界大战中，几乎每个师的编制内都有一个下辖三四个工兵连的工兵营。该营会协助步兵部队突破障碍和雷区，攻占筑垒阵地。该营会协助或建议师属部队布置障碍、地雷和伪装，构筑野战筑垒阵地和设施，并花费大量时间去维护道路和桥梁，以保证补给路线的畅通。该营还会搭建临时便桥，并架设浮桥和固定桥梁。

战争开始时，大部分国家军队的工兵营编制内都有专设的舟桥连。人们很快就发现，这些舟桥连所属的师不一定需要其执行勤务，而另一些师对舟桥连的需求却大得多。因此，更高效的办法是把舟桥部队都集中起来并根据需要进行调配。舟桥部队有几种类型。这几种舟桥部队装备不同的舟桥器材，而独立的舟桥连和舟桥营被分配到军级和集团军级部队。舟桥部队的隶属关系经常根据其所支援部队的需求变化而变更。

德国党卫军的步兵正在通过一座用桦树树干搭成的简陋小桥。俄罗斯的农民经常在溪流上搭建这样的小桥，只有身体下盘极稳的人才能通过这种桥。由于桥桩深深地扎入河床，这种桥的结构相当稳固。不过，这座桥的桥面需要铺上更多的木杆。（私人收藏）

对舟桥支援的需求是可以预测的。师级部队在接近河岸时可先将必要的舟桥部队和其他用于渡河的人力物力都集中起来,再将其分配到部队集结地,以便立即架桥。如果需要架设的桥梁的长度超出了舟桥部队的装备所能搭建的长度,这并不需要投入更多的舟桥部队,而是可以从工兵仓库中提取额外的装备。同样,如果某支舟桥部队将某地的架桥任务交给前来接替的部队,该部队也无须带走自己的装备,而是从仓库中另外提取装备,然后转移。

架桥时,师属工兵营经常会根据需要得到一个或多个工兵营以及其他舟桥分队的加强。真正负责准备架桥场地、架设桥梁和维护桥梁的是标准工兵部队,因此这些部队必须接受使用多种器材的训练。专业的舟桥分队主要承担输送舟桥器材的任务,当然也会协助架桥和维护桥梁。随着师级部队向前推进,其他工兵分队将会接管桥梁的维护工作,或者将已架设的桥梁换成载重量更大的桥梁或半永久的木桥。之后,被回收的战术舟桥器材可以前送。即使是处于防御状态或在撤退的部队,也需要使用舟桥分队来维护补给线、调动部队、修补被破坏的桥梁和开辟新的撤退路线。

舟桥分队几乎总是忙个不停。例如,在1944年6月至1945年4月期间,美军第889工兵车行桥连在法国、荷兰和德国共搭建了49座桥梁。这些桥长24英尺到1048英尺不等,其中近半数超过100英尺长。盟军战斗工兵在欧洲各地架设的木制桥梁和钢制桥梁在第二次世界大战结束后留存了许多年,并一直供当地平民使用。

在任何一国的军队中,舟桥分队都是多种多样的,此处只能讨论一些最常见的类型。

美军舟桥分队

美军每个师的编制内都有1个下辖三四个连的战斗工兵营来承担各种工兵任务。在这些任务中,涉及渡河作战的任务包括准备渡口,架设跨河便桥,使用冲锋舟,以及搭建车辆渡船、便携式桥梁和浮桥。战斗工兵营自身并不掌握架桥器材,而是利用独立舟桥分队提供的器材来搭建桥梁和渡船(装甲师下属的工兵营原本有自己的舟桥连,但这类舟桥连在1943年年末从工兵营中独立出来后就被改为车行桥连)。不过,师属战斗工兵营确实装备有15艘双人侦察艇和14艘冲锋舟。

1944年12月15日，法国萨拉尔布（Sarralbe），美军第35步兵师第60战斗工兵营的"布罗克韦"（Brockway）架桥卡车正在为一座用5艘载重量为12吨的桥脚舟搭起的短桥铺上最后一段车行板（请与本部分彩图F对比）。对工兵来说，比起在大江大河上架设长桥的任务，在这种跨度相对较小的河流上架桥的任务要常见得多。（汤姆·莱姆林/装甲板出版社）

美军的舟桥分队隶属野战集团军，并会根据需要被分配到军级和师级部队。车行桥连有1个连部和2个舟桥排，而每个舟桥排都有1套540英尺长的车行桥。作为舟桥连装备情况的典型代表，1个144人制的车行桥连拥有4辆吉普车、17辆两吨半卡车、3辆六吨架桥卡车、1辆五吨救援车、1辆半履带车、2台安装在卡车上的起重机、2辆推土机、4辆压缩机卡车和2艘多用途艇。1个225人制的轻浮桥连有1个连部、2个舟桥排和1个轻装备排。该轻装备排有1台起重机、若干推土机、70艘冲锋舟、12个步兵支援浮筏、4套步兵支援渡船组件和1套M1938步兵人行桥。每个舟桥排有1套M3浮桥组件或2套M1938步兵人行桥组件。这些连也会被派去运输贝利桥（Bailey Bridge）。板桥连下辖2个排，而每排都有1套用半挂拖车运输的贝利桥单元。卸载了架桥构件后，板桥连可作为自卸卡车单位使用。

美军1个400人制的重浮桥营有1个营部、1个装备起重机等专业装备和64艘突击艇的勤务连，以及2个舟桥连。每个舟桥连下辖2个排，而每排各有1套用

129

半挂拖车运输的 M1940 25 吨浮桥构件。每个舟桥连也可运输 2 套贝利桥构件。在美军组建的数以百计的工兵营中，只有 18 个重浮桥营。三营制的工兵总务团会执行各种专业任务和后方基建任务，但也负责架设突击桥梁和建造半永久桥梁。当盟军在推进时急切需要舟桥器材时，某些连队的任务也会改为向前方运输这类器材。

英军舟桥分队

英军步兵师的编制内有 1 个下辖 3 个野战连和 1 个野战机修连的皇家工兵指挥部。装甲师比步兵师少 1 个工兵野战连，但通常会有 1 个舟桥连。野战连承担桥梁架设任务，而桥梁部件、桥脚舟和冲锋舟由军和集团军直属的皇家陆军勤务队（负责运输英国陆军需要的大部分后勤物资）舟桥连供应。

皇家陆军勤务队舟桥连是一种极其灵活且无固定编制的单位。每个舟桥连都是根据其作战地域的需求，由不同类型和数量的排组成的，而且排和班可在不同的连之间流动。舟桥连可能有 1 个大型连部，而且可能下辖 3 个贝利桥排（每排可架设 150 英尺长的桥梁）、2 个浮桥排、1 个重型桥梁装备排（装备用于架设 MLC70 桥梁的贝利桥器材）、1 个突击工兵排（装备 40 艘冲锋舟、40 艘侦察艇，以及架设 150 英尺长的木棉人行桥的器材）、2 个折叠艇排（每排装备 32 艘 FBE）、1 个 MLC50/60 浮筏排（装备的 20 艘浮舟可组成 4 个用于运输坦克和大炮的浮筏）、1 个规模较小的皇家工兵排（负责提供人力）和 1 个机修排（负责维护保养）。

苏军舟桥分队

截至 1941 年年底，苏军的师属工兵营已缩减为连级规模，并取消了浮桥排。此后，苏军的桥梁支持就由配属到集团军一级的独立工兵舟桥营和舟桥团提供。苏军舟桥分队主要以卡车作为其运输工具。这种装备设计合理，而且各类桥脚舟也可被用于拼装浮筏和渡船。和冲锋舟一样，这些桥脚舟也可配备 10 马力或 15 马力的舷外发动机。

苏军 1 个 250 人制的独立轻型舟桥营下辖 3 个连，每个连下辖 4 个排。一个这样的营能在一个半小时内搭建起一座长 200 至 250 英尺、载重量为 5 至 14 吨的浮桥。该营装备的 DLP-43 轻型舟桥套件使用了胶合板制成的桥脚舟，而这种桥脚舟也可充当冲锋舟或被用来拼装浮筏。苏军还有一种 300 人制的营装备了可充当冲锋舟或浮筏的 NPL 折叠式胶合板桥脚舟。这种营能在两小时内建起 500 英尺长的浮桥。此外，苏军还有 750 人制的、下辖 2 个营的轻型舟桥团。

苏军 1 个 300 人制的独立中型舟桥营下辖 2 个连，而每个连又下辖 4 个排。这种营装备 N2P、N2P-41 或 DMP-42 中型舟桥套件，使用 17 英尺 5 英寸半长的钢制桥脚舟。而这种桥脚舟以三艘为一组，就可拼成渡船或浮筏。一个这样的营能在两个半小时内搭建起一座长 325 英尺、载重量为 30 吨的浮桥。大部分坦克都能通过这类浮桥。坦克军和机械化军的工兵车队另有可架设 300 英尺长的中型桥梁的构件。此外，苏军还有 700 人制的独立重型舟桥团。1 个独立重型舟桥团下辖 2 个营，每个营有 4 个连。这类舟桥团能在三小时内架设载重量为 60 至 100 吨不等的桥梁。

任何一支精干的工兵分队都必须具备在紧急情况下"因地制宜、即兴发挥"的本领。苏军工兵是就地取材的高手。在这张照片中，苏军工兵正使用从当地获得的器材（松树干和从一个被炸毁的工厂中回收的钢梁），在重型桥脚舟上奋力搭建浮桥。（位于克拉斯诺戈尔斯克的俄罗斯国家电影照片录音档案馆馆藏，通过 Stavka 网站获得）

苏军士兵爬上两辆通过《租借法案》获得的两栖吉普车。这种吉普车被美军称为"西普"（Seep），而这个绰号就是"Sea"（海洋）和"Jeep"（吉普）两个英文单词合成的。这种车辆仅在1943年生产，也曾被美军使用。但实战证明，这种车辆仅适合用于渡过流速缓慢的平静水体。（莫斯科中央武装力量博物馆馆藏，通过Stavka网站获得）

德军舟桥分队

德军组建了35个桥梁建设营，又于1943年年末将其改称为"工兵舟桥营"。一个这样的营下辖4个舟桥连、1个负责保管器材的仓库连和1个携带重装备的机械连。德军还组建了19个舟桥分队指挥部，以便管理众多运输舟桥器材的连级规模的舟桥分队。此外，德军还有舟桥器材运输营。

德军舟桥分队都带有一个后缀字母，用于表示其携带的装备类型。德军1个111人制的舟桥分队B下辖2个排，携带16艘半桥脚舟（Half-Pontoon）、24艘大型充气桥脚舟和48艘小型充气艇，还有2艘摩托艇。该分队还会携带桥梁坡道、桥梁和渡船配件。这种分队能用半桥脚舟架设长83米、载重量为8吨的浮桥，或者用全桥脚舟（由2艘半桥脚舟以船尾连船尾的方式组成）架设长为54米、载重量为16吨的浮桥。半桥脚舟和全桥脚舟还可被拼装成载重量为4吨、8吨和16吨的渡船,而这些渡船可用大型舷外发动机提供动力。

德军1个53人制的舟桥分队C拥有10艘轻型半桥脚舟、16艘大型充气艇和48艘小型充气艇。这些器材可用来搭建长84米、载重量为4吨的桥梁,也可用来建成多艘载重量为2吨和4吨的渡船。不过,这样的渡船没有舷外发动机可用。小型充气艇可用来架设步兵人行桥。

德军1个82人制的舟桥分队K只有4艘大型桥脚舟。这种桥脚舟有3段,即头、尾和中段。这类分队的其他装备有桥板、栈架、坡道等。这类分队可提供长46米、载重量为16吨且足以供轻型坦克通过的桥梁,以及用4艘完整的桥脚舟拼成的16吨渡船。

一队德军步兵正在通过一座装有立柱和扶手绳的浮桥。这种载重量为4吨或8吨的桥,可由舟桥分队C或舟桥分队B快速搭建。木制车行板与纵梁固定在一起,并架在与充气桥脚舟绑定的横梁上。河水流速看起来相当快,充气桥脚舟上还有指向上游的锚链。通常,这类浮桥会通过3米长的钢制坡道连接到河岸,而这种坡道也可用于横跨壕沟。成群的士兵齐步行军可能使浮桥或悬桥发生剧烈晃动或弯曲。因此,士兵在过桥时会按照"便步走"这一传统指令行军。(私人收藏)

德国国防军的载重卡车正在通过一座载重量为 16 吨的桥梁。该桥采用多个舟桥分队 K 的装备搭建，其中包括带栈架的桥板和大型的三段式钢制桥脚舟。照片中，这座桥将钢制桥脚舟的三段都用上了。如果是建造载重量小一些的桥，那就只需将这种桥脚舟的头尾两段直接连接起来。（私人收藏）

工兵部队识别标志

在美国陆军中，工程兵团的人员和被分配到工兵单位的其他所有人员，无论从事何种专业工作，他们都会在其制服的领口处佩戴"双塔楼城堡"黄铜徽章。工兵的兵种识别色是鲜红色和白色，其显示的形式为士兵船形军帽上红白两色交织的绲边。

英军皇家工兵的识别标志和其他兵种的识别标志一样，都是 2 英寸长、3/8 英寸宽的染色布制袖章。这种袖章被佩戴在作战服的两个衣袖上，并且位于任何部队徽章的下方。皇家工兵的袖章有两种颜色且各占一半，底色为深蓝色，面色为红色。此外，在军便服两个袖子的近袖口处，皇家工兵还可佩戴红底上有深蓝色"ROYAL ENGINEERS"（皇家工兵）字样的弧形袖章。在工作制服上，这种袖章有时会被套在肩章上的、黄褐色底上有黑色"RE"

字样的布环替代。军官肩带上的军衔章有深蓝色衬底。皇家工兵的黄铜帽徽的图案包括一圈带有王冠并刻着箴言的嘉德绶带、位于绶带中心的皇家徽号"GR"①以及绶带下方印着"ROYAL ENGINEERS"字样的卷轴,而所有这些图案都被环抱在一个很宽的月桂花环图案中。包括舟桥连在内的皇家陆军勤务队的人员,都是通过深蓝色底、黄色面的肩章,黄色/深蓝色袖箍,以及军官军衔章的黄色衬底这些标志来识别的。皇家陆军勤务队的帽徽与皇家工兵的帽徽相似,但其外围图案为八个尖的"星爆"图案,而非月桂花环图案。

苏联红军的工兵(инженер 或 сапер)和其他技术兵种一样都佩戴黑色领章。不过,工兵的领章带有宝蓝色绲边,其肩章、制服和军帽都有黑色绲边,而且军帽上还有黑色帽墙。

德军工兵(Pioniertruppen)的识别标志包括士兵肩章上的黑色绲边和军官绶带的黑布衬底。工兵的肩章上有显示工兵所在部队的编号。舟桥部队的肩章上还有额外的拉丁字母"B",舟桥分队的肩章上有"BK"字样,而舟桥器材运输营的肩章上有"BT"字样。这些字样在士兵和低级士官的制服上是以黑色丝线绣成的(如果绣在暗绿色肩带上,还会绣上白边),在高级士官的制服上是用银色金属材质制作的,在军官制服上则是金色金属材质的。从1944年起,舟艇分队士兵的肩章上多了一个船锚图案。冲锋舟的船员是训练有素的专业人员。其中,舵手(Steuermann)和艇长(Bootsmann)都必须有Ⅰb级舵手证,还要在左前臂上佩戴一个有船锚和舵轮图案的椭圆形袖章。

---

① 译者注:G代表当时的英国国王乔治六世,R为拉丁文Rex的首字母,意为"国王"。

舟桥器材

浮桥

浮桥的起源至少可以追溯到公元前11世纪的中国。古希腊和古罗马的军队经常使用浮桥渡河。在18世纪和19世纪，各国军队已广泛使用浮桥，使用专门制造的桥脚舟的浮桥分队也出现了，而法国人早在1670年就研制出一种铜皮包裹船体的桥脚舟。

小型浮桥是供步兵使用的人行桥，而大型浮桥可承载重型坦克。在第二次世界大战爆发前，大部分桥脚舟仍是木制的，但金属舟已经得到广泛应用，而充气艇也于同期研发成功。较小的桥脚舟（包括硬壳艇和充气艇）也可兼作冲锋舟，而较小的浮桥也可用胶合板折叠艇作为桥脚舟。充气艇作桥脚舟时，充气艇的顶部需要加上某种支撑底座或"鞍座"，才能连接桥板。金属和木制的小艇常被做成半桥脚舟的样式，并且采用平直的船尾板，还配有连接用的附件。这种半桥脚舟可以单独使用，也可成对地船尾对船尾地连接起来使用——这可使其载重量增加

登陆后必须尽快搭建战术人行浮桥。这张照片显示在1945年2月，美国第9步兵师的士兵正通过鲁尔（Roer）河上的一座M1938步兵人行桥，冲进饱受炮火蹂躏的林地。由于水流湍急，填塞软木的浮箱在下游端增加了沙袋配重（见本部分彩图A1），其上游端则连接到一条横跨河面的锚链上。理论上，1个180人制的步兵连可在3分钟内通过1座这样的浮桥，但如果该连遭到敌军准确的火力打击，那就另当别论了。（汤姆·莱姆林/装甲板出版社）

一倍。部队必须携带备用的桥脚舟和桥板,以替换在战斗中受损的器材。但采用就地征集的舟艇来支撑临时浮桥的例子也有,这在苏军和德军中尤为普遍。

除了要用到以桥脚舟支撑的桥板,浮桥的搭建还要用到坡道或带有可调节支撑件的浮桥分段,以便浮桥能连接到河岸,而且桥脚舟也需要用锚定装置来固定,以抵挡水流的冲击。湍急的水流和漂浮的杂物都可能使浮桥损坏或断裂,而负载过重也可能使浮桥发生弯曲,并导致桥脚舟进水。

渡船和浮筏

渡船和浮筏在强渡江河作战中的运用很少被提及,但它们却是极其实用的。在突击部队已控制河对岸,而桥梁还没搭建完成的时候,渡船可以将第一批重型支援武器、坦克和其他车辆运过河。这类装备会紧随突击部队过河。这样一来,突击部队就不必花上几个小时去等待桥梁建成。如果因水流太急而无法搭建稳定的浮桥,或者因河面太宽而无法以现有架桥器材搭建足够宽的浮桥,那么渡船的作用就会突显出来。

早在1939年9月的波兰战役中,德军就已使用架桥器材拼装的浮筏,将装甲车辆快速运抵桥头堡。2个桥板分段固定在4艘舟桥装备B全桥脚舟上,就能组成1个额定载重量为16吨的浮筏。不过,这张照片证明16吨的额定载重量并非这种浮筏的载重极限,因为照片中的浮筏正载着1辆25吨重的四号坦克渡过一条波兰的河流。(私人收藏)

德军士兵使用定员 3 人的 34 式小型橡皮艇在一条小溪上设置了简陋的摆渡。接在这个"浮袋"两端的绳索使其能以快得惊人的速度被来回拉扯。照片的背景中，工兵们正将木材抬来，以便用其他充气艇来拼装浮筏。德军舟桥工兵的绰号是"Balkenträer"，意即"搬木梁的人"。（私人收藏）

　　从技术角度讲，渡船是有动力的，通常依靠装在一艘或多艘桥脚舟上的舷外发动机推动，但也可由汽艇拖曳或推动；"浮筏"必须依靠人力或车辆牵引的绳索在两岸之间拉动，或者靠划动船桨或撑撑竿来移动。这两种工具也许都有例外，不过二者的构造是相同的。大多数战术渡船会使用 2 艘、3 艘、4 艘或 6 艘桥脚舟，而且桥脚舟上会铺标准桥板制成的甲板。战术渡船在过河时会将桥脚舟的船头指向对岸，并让甲板与航向垂直。接近对岸时，这种渡船会转向，以使桥脚舟平行于河岸，甲板末端与上岸坡道对齐。这一机动，尤其是在水流湍急的情况下，可使用汽艇、人力牵引的绳索和撑竿辅助完成。渡船通常配有用于装货和卸货的折叠式坡道，但也可使用木板做的简易坡道或者预先安置在河两岸的坡道。在浮桥搭建的过程中，渡船只要略作改装就可并入其中。

固定式桥梁

　　固定式桥梁横跨河流两岸。根据固定式桥梁长度的不同，在桥中间起支撑作用的桥墩或桥桩可能有，也可能没有。军用战术桥梁可能是全钢制的或木制的。这种桥梁以预制分段的形式提供，并带有一切必要的连接件和附件。架设固定式桥梁的工兵分队配属军级或集团军级部队。除了能架设预制的便携式桥梁，这类工兵分队还能修理乃至建造更大的永久替代桥梁（通常会使用战术桥梁的组件）。永久替代桥梁可在被毁的桥梁处原地建造，而且现成的石质桥墩和桥台（即固定式桥梁两端的大型石质支座）往往会被利用起来。这种做法可加快建造速度，节省建筑材料，还可利用原有的进出道路。

架桥用的组件包括预制桥面或桥板、栈架、横梁、侧栏杆、坡道、桥墩和其他支撑部件。有些钢栈架可能被做成伸缩式的，以便调整高度/深度。在一些战例中，就连因桥梁坍塌而损失的坦克和其他车辆也会被整合到新桥的栈架中。架在深沟之上的桥梁以及其他高架桥需要用木梁以十字交叉的方式搭起必要高度的栈架，并用大型钢钉固定住。这样的桥梁也许要花几天的工夫才能建成。

撤退中的军队在破坏永久性桥梁时，往往只会炸塌一两座桥跨。这样一来，被炸塌的桥就可用预制桥梁构件轻松修复。木制和钢制的桥墩通常会被摧毁，但坚固的砖石桥墩可能会幸存。这些砖石桥墩也有助于重建桥梁。在盟军登陆法国

钢制车行桥的栈架通常用于浮桥两端的上下桥坡道，但在窄而浅的河流上，也可用来搭建完全独立的半固定式桥梁。照片上，这座位于意大利塞尔基奥（Serchio）河上的桥就是一座半固定式桥梁（另见本部分彩图A2）。该桥桥面的车行板是为比吉普车大的车辆设计的，所以这几辆吉普车的车轴只能勉强横跨中间的空隙。（汤姆·莱姆林/装甲板出版社）

以后，德军犯了一个严重错误，那就是只炸塌了桥跨，而没有炸掉桥墩和桥台。尽管这种做法加快了爆破速度，使用的炸药也较少，但桥台因造得非常坚固而需要更多的炸药才能被炸毁。由于德军放过了桥台（德军起初对战局持乐观态度，还指望卷土重来，并打算以后利用现成的桥台重建桥梁），盟军得以迅速修复桥梁，并继续快节奏地推进攻势。后来，德军在炸药足够的情况下也开始炸毁桥台。

实践证明，以贝利桥为代表的预制桥梁非常有效。这样的桥梁必须能够承载军队中重40吨到70吨不等的沉重装备，如重型坦克、坦克运输车和重型火炮等。在有些情况下，军队甚至修建了铁路桥和双车道公路桥。不过，这些桥梁都是在突击阶段结束很久以后才修建的。

✵ 军用载重分级

英国皇家工兵在1938年研发出的一套车辆/桥梁载重分级体系，后来被美军和其他同盟国军队采用。到了1943年，这套体系中的可视标志被规范为带有黑色的一位或两位载重分级数字的黄色圆形标志。这种标志要么用油漆刷在车辆右侧的前挡泥板上或车体上，要么做成金属圆盘被固定在散热格栅上。这种标志不是所有车辆都有，而且由于尘土和杂物的遮挡，在前线拍摄的照片上也很难看到。各种桥梁的入口标志牌也会显示载重分级数字。只有在车辆的载重分级数字小于或等于桥梁的载重分级数字时，车辆才能过桥。渡船和浮筏也有载重分级。在这一分级中，MLC3为最低级别，MLC70为最高级别，而且各级别之间的差距是有规律的。常有人以为这些数字代表的是车辆的吨位。尽管载重分级数字所代表的吨位通常接近车辆的实际吨位，但这也不一定。例如，一座典型的MLC40贝利桥，也可能被加固到可以通过MLC70车辆的程度。这套体系考虑了轮式车辆的载重量，以及车轴的数量、间距和轴载荷，还考虑了履带式车辆的战斗全重、履带宽度和长度。部队会下发预先计算好的分级表，因此司机或乘员不必根据那些复杂的公式进行相关计算。工兵军官要负责计算完好的民用桥梁的载重级别。

架设桥梁

不同类型的浮桥在构造上略有不同（尤其是使用硬壳桥脚舟的浮桥与使用充气式桥脚舟的浮桥相比），但其组装和安置的方法大体相似。

在战术桥梁的架设地点，出入坡道的建设是至关重要的。照片中，工兵们正在入口坡道上铺碎石。重型车辆很快就会把碎石压进泥地里。只要桥梁还在使用，那就需要再铺新的碎石层。（汤姆·莱姆林/装甲板出版社）

要将 2400 磅重的钢制车行板分段安放到位并打入锁定销，这还得靠"人肉加杠杆"的老办法。每段车行板长 15 英尺，各段之间以铰链连接。因此，当载重车辆经过这种车行板搭建的桥时，桥面就会弯曲。（汤姆·莱姆林/装甲板出版社）

德军的舟桥装备 B 浮桥

舟桥装备 B 是最常用的舟桥器材之一。摩托化的舟桥分队 B 配备卡车和半履带牵引车，并将其用于装载或牵引桥脚舟、桥板、坡道、木板和汽艇。正如上文所述，16 艘钢制半桥脚舟成对或单独使用，就可组装出载重量为 8 吨、长 83 米的桥梁或载重量为 16 吨、长 54 米的桥梁。该装备中的桥板分段有钢制纵桁、护角以及 26 块木板。8 个栈架分段含有可调节钢柱支撑的车行桥板，而每个栈架分段还有 3 个支撑腿。有了这些栈架，即使河岸高于浮桥桥面或者近岸处的水深不足以浮起桥脚舟，上下桥的坡道也可以连接到浮桥上；在河水涨落时，坡道的角度可通过栈架调节。

这些器材还可用来构建多种渡船，而德军配备的带有线缆卷轴的拖车可用来拖曳这些渡船。1 艘半桥脚舟长 12 英尺，宽 5 英尺。那么，1 艘载重量为 4 吨的渡船就需要2艘半桥脚舟和1个浮桥板分段来构建，1艘8吨的双体渡船要用到4艘半桥脚舟和2个桥板分段，1艘16吨渡船需要2艘全桥脚舟和2个桥板分段。事实上，全桥脚舟浮桥和16吨渡船都能承载步兵师或战争初期的装甲师中的任何车辆和装备，其中包括四号坦克、150毫米榴弹炮及其半履带牵引车。

半桥脚舟需要从拖车上卸载下来，而每艘半桥脚舟都需要30个人来抬。因此，如果要使用全桥脚舟，那也只有在2艘半桥脚舟都下水后才能被连成1艘全桥脚舟。1艘全桥脚舟可由8个人使用极长的船桨来划动，但由于船长25英尺，其转向非常困难。当被用于构建浮桥或渡船时，多艘半桥脚舟可通过固定在各自船舷上的2对4英尺长的"V"形支架并排连接起来。无论是构建渡船还是构建浮桥，第一艘半桥脚舟或全桥脚舟都要平行于河岸，然后其他的桥脚舟再与其平行拼接。桥板分段要先由人力搬运到桥脚舟上，再安装钢制紧固件和栏杆。在组装浮桥分段的同时，另一组人马要搭建将河岸与浮桥连接起来的栈桥分段。

德军使用舟桥装备B搭建的长浮桥。该桥采用了硬壳半桥脚舟，请注意桥脚舟平直的船尾板。位于右侧前景中的是支撑入口坡道板的三脚栈架之一。在左侧前景中，工兵正用撑竿将一段装在两艘半桥脚舟上的桥板推离河岸，然后准备沿着桥的上游一侧把它推到尚未完工的桥那头，最后用汽艇将其推到位。（私人收藏）

一个浮桥分段可使用的桥脚舟多达 12 艘。组装好的浮桥分段会被汽艇从下游推到安装位置，而最初被当作渡船使用的浮桥分段可在后续施工时被整合到浮桥中。这些桥脚舟会通过在上游一侧抛下的船锚固定。对于较长的半桥脚舟浮桥，桥的中间可能会安插一对全桥脚舟，以起到更好的支撑作用。在此岸的坡道完成施工且桥脚舟到位后，一组人会乘坐舟艇和渡船，去对岸架设坡道。实际上，施工中最困难的部分是准备浮桥的出入道路。德国国防军装备的推土机和其他动力工程设备很少，这项工作只能依靠铁镐和铲子来完成。

舟桥装备 B 搭建的浮桥可能包含 4 艘桥脚舟和 2 个坡道分段，也可能包含数十艘桥脚舟。和美国陆军一样，德军也会在非常浅的河流上只使用栈架分段而不用桥脚舟来搭建桥梁。例如，德军曾用 32 个栈架分段搭起横跨第聂伯（Dniepr）河的桥梁。

美军的 M2 车行浮桥

德军的大多数舟桥分队都靠骡马机动，靠人力施工，还不得不脚踏气泵为橡皮桥脚舟充气。相比之下，其美国同行拥有的优势则大得多。美军舟桥分队不仅完全被机械化了，还装备了自带吊杆的"布罗克韦"架桥卡车、起重机卡车、给桥脚舟充气的空气压缩机卡车和用于平整场地的推土机。下文将举例说明 1 个车行桥连使用充气桥脚舟架设 1 座美制 M2 车行浮桥的经过，而这座桥在短短 2 个小时内就横跨了 1 条 230 英尺宽的河流（后来，积累了更多经验的工兵分队能够以每小时 200 英尺的速度架设车行桥）。

在设置了伪装措施的疏散区域内，工兵们将桥梁组件尽可能地组装成大件。第一辆"布罗克韦"卡车倒着开进河岸边的合适位置。然后，车上的桥脚舟被卸下。需要的桥脚舟数量事先已被确定。载重量为 20 吨的充气桥脚舟长 33 英尺，宽 8 英尺 3 英寸，充气管的直径为 33 英寸。一艘这样的桥脚舟有 16 个气室，即使其中一部分气室被击穿，该桥脚舟仍能承载额定的重量。

桥脚舟被卸下后，工兵们先揭开桥脚舟上的帆布遮阳罩，再打开气阀，然后用汽油动力的压缩机为其充气（每艘的充气时间为 5 分钟）。"布罗克韦"卡车则利用其吊杆，卸下钢制的桥梁鞍座和车行桥板。这项工作只要 2 个人就能完成，如果换成人工搬运，则需要 8 人。三节式的鞍座先通过铰链连接在一起，再安装上2根"工"字钢梁以防弯折。每个鞍座会由"快路"（Quick-Way）起重卡车吊起并放到桥脚舟上，然后用皮带和带扣在桥脚舟的舷侧以4英尺的间隔捆扎固定。

当一对桥脚舟做好下水准备时，一辆"布罗克韦"卡车就会倒车，以便将部分车身开进河里。两块相互平行但间隔2英尺的车行桥板（每块长15英尺）被吊车吊起并横放到这对桥脚舟的鞍座上，然后用锁销固定。按上述步骤组装完毕的第一个浮桥分段会被当作浮筏使用。该浮桥分段在装载一辆推土机后，会被一艘架桥汽艇推送过河。在对岸被卸下后，推土机就要开始平整登陆场地，开辟出口道路。如果对岸的地面松软潮湿，登陆场和出口道路的准备工作可能需要更多的物资和装备才能完成。

1945年2月，鲁尔河在德国于利希（Jülich）的河段。此时，于利希这座小城基本上已被轰炸、炮击和水坝被毁而造成的洪水夷为平地。位于照片中央的是一座M2车行桥，其上下游各有一座M1938步兵人行桥。架设这两座人行桥不仅可以保护主桥，使其免受顺流而下的大块杂物撞击，还可以在大量人马需要紧急过河时为主桥分流。（汤姆·莱姆林/装甲板出版社）

一座横跨拉恩（Lahn）河的 M2 车行浮桥，这条河是莱茵河东部的一条支流。对岸依稀可见一艘受损的充气桥脚舟，还有一艘备用的桥脚舟，以便随时替换被敌军炮火击毁的充气舟。正在过桥的 M3A1 半履带车属于美国第 9 装甲师第 27 装甲兵营。三个星期前，该营 A 连的战士在卡尔·蒂默曼（Karl Timmermann）中尉的率领下夺取了位于雷马根（Remagen）的鲁登道夫（Ludendorff）铁路桥。（汤姆·莱姆林/装甲板出版社）

三个双桥脚舟分段在完成组装后会被拼接到一起，而且其末端也会通过两根长长的钢销连接起来。这些钢销将横跨两条车行桥板，以使浮桥具备必要的刚性。车行板和桥脚舟组成的第一个浮桥分段会被置于对岸。后续的浮桥分段被陆续组装并被运过河，然后逐一从对岸连接到此岸。这样可以腾出此岸的空间来组装更多的浮桥分段。为了使浮桥固定在原处，工兵们会根据河水流速，在部分或全部桥脚舟的上游端系上 200 磅重的船锚。系船锚时，工兵们会用小艇将这些船锚运到桥脚舟上游 50 码处，然后将其抛下。抛下船锚前，浮桥分段可能要用架桥汽艇或带动力装置的冲锋舟顶住，以免被水流冲走。在最后一个浮桥分段安装到位并连接到末端的坡道后，一名接线员要将一根电话线拉过河。这根电话线要悬在桥脚舟的上方，但不能置于桥板上。如果部队正遭到炮火打击，桥板的另一侧可能也要拉一根备用的电话线。电话用于交通管制，也可让此岸的渡河指挥所了解对岸的情况和修理需求。装上鞍座和车行桥板的备用浮桥分段也要随时准备替换受损的浮桥分段。

1945年5月，在意大利博洛尼亚（Bologna）这座横跨雷诺（Reno）河的钢制M2车行浮桥上，几辆四吨6×6长轴距卡车正拉着两节式25吨钢制桥脚舟和其他舟桥器材过桥。这些卡车是专为工兵部队研制的。（汤姆·莱姆林/装甲板出版社）

英军的贝利桥

艾森豪威尔将军曾宣称，促成第二次世界大战胜利的三大工程技术成就分别是雷达、重型轰炸机和贝利桥。蒙哥马利元帅曾写道："如果没有贝利桥带来的大量补给，我绝不可能保持推进速度和进攻节奏……这是我们在那条战线上得到的最好的装备。"

1939年，实验性桥梁研究院的唐纳德·C.贝利（Donald C. Bailey）开始研究一种能承受40吨载荷的战术桥梁。1942年，他的设计在完善后被军方采纳。同年11月，这种桥梁在突尼斯首次被投入使用。第一座在敌军的炮火下架设起来的贝利桥出现于1943年的西西里岛。此后，贝利桥在意大利、欧洲西北部和远东被广泛运用。贝利桥的成功要归功于五个设计要素。其一，贝利桥具有极高的通用性。这种桥可以按不同的跨距架设，可以使用标准化预制件加固，可以用于固定式桥梁，也可以用于浮桥。其二，贝利桥的部件采用轻便的焊接结构，并且重量不超过600磅，因此每个部件至多只要6个人搬运。其三，虽然生产贝利桥零部件的企业分散于各地，但不同企业生产的零部件全都可以互换。其四，所有部件都可以放进英国陆军制式的三吨卡车，巧的是，也能放进美军的五吨自卸卡车。最后，贝利桥的搭建因其总体设计而非常简单，只需要极少的人力和重装备，不需要专用工具或车辆。

贝利桥不是英国陆军唯一的固定式桥梁，但却是最成功、最著名的。这张照片显示的是皇家工兵于1942年10月在苏格兰架设的一座横跨斯佩（Spey）河的MLC50/60的便桥。贝利桥能承载英军装备的任何一种坦克。1943年，这种桥在地中海战场上首次被用于实战。(帝国战争博物馆，编号H24855)

意大利波雷托（Porretto），一辆美国陆军的"布罗克韦"六吨 6×6 架桥卡车正通过一座"双双"贝利桥（每边都有两层用螺栓固定的格栅侧板，高度为两块侧板高）。美国制造的贝利桥（官方的叫法是"板桥"）曾经出过问题。由加拿大人提供的测量仪器不是质量低劣就是已经损坏，这导致许多美国制造的侧板无法和美国或英国制造的其他部件配合。意大利的英军司令部就下令只接受英国制造的部件。后来经过追查，有缺陷的部件和测量仪器才被更换。（汤姆·莱姆林/装甲板出版社）

  贝利桥的主要部件包括 570 磅重的钢制格栅侧板（10 英尺×5 英尺）、445 磅重的横梁（18 英尺长，用于承托桥板）、纵梁（10 英尺×1 英尺 9 英寸，被纵向放置在横梁上）、用于连接多块侧板的加固构架、木制桥板（12 英尺×2 英寸×9 英寸）、底板（3 英尺×4 英尺 7 英寸，带有滚柱轴承），以及各种固定销、螺栓和其他配件。当架在桥脚舟上时，这种桥就成了浮桥。不过，贝利桥通常被架设成固定桥梁，而且架设时会利用被毁桥梁残存的桥台和桥墩（如果有的话）。架设这种桥的关键是准备场地。如果在零部件运达时坚固的桥梁和桥台已经准备就绪，那么一座 60 至 80 英尺长的贝利桥在两三小时内就能完成架设。

这张于 1944 年 11 月在法国东北部圣让－罗尔巴赫（St Jean Rohrbach）拍摄的照片戏剧性地展现了贝利桥系统的通用性。贝利桥可使用任何稳固的支撑物，包括这辆侧翻的 M4 谢尔曼"巨无霸"突击坦克。这座贝利桥为最常见的"双单"型，即车行道的两侧各有两层重叠的侧板，高为一块侧板的高度。根据需要的强度和跨度，贝利桥可使用不同的侧板组合，从最简单的"单单"型（一层侧板，一侧板高）到最复杂的"三双"型（三层侧板，两块侧板高）。（汤姆·莱姆林 / 装甲板出版社）

　　贝利桥由多个 10 英尺长的分段组合而成。每个分段至少包含 2 块侧板（由 2 条横梁连接），还带有 6 条纵梁。有 13 块面板铺在这些横梁和纵梁上，而且面板两边都有螺栓固定的木制限位器。这些分段通过螺栓首尾相连，并形成坚固的箱形结构，而这种结构的桥不需要桥桩或墙角轴支撑，就能达到 240 英尺的跨距。盟军建造的贝利桥数以千计，其中最长的是横跨缅甸钦敦江（Chindwin River）的、长达 1154 英尺的浮桥。

　　根据桥梁需要达到的跨距，组装的首批分段不带纵梁和桥面板，以减轻重量。当这些分段完成组装后，工兵们会先用螺栓将各分段连接起来，再通过安置在桥台底座的滚柱轴承将连接好的各分段连续前推——这个过程被称为"曳进"。第一

1945年3月25日，包括一辆履带式装甲车在内的英军车队拉开很大的车距，正通过莱茵河上的"兰贝斯桥"（Lambeth Bridge）。这是一座"双单"型贝利桥，由成对的、载重量为30吨的桥脚舟支撑。请注意两层侧板之间的固定支架。考虑到浮桥水平方向的"弯折"，车队通过浮桥时的车距建议为80英尺。3月22日至23日，蒙哥马利指挥的英美联合第21集团军群在杜塞尔多夫（Düsseldorf）以北的埃默里希（Emmerich）、雷斯（Rees）和莱茵贝格（Rheineberg）成功强渡莱茵河。这一段莱茵河宽350码至500码不等（急弯处较窄），水深10至14英尺不等。（帝国战争博物馆，编号BU2417）

个分段要有大约15度的仰角。这样一来，即使对岸略高于此岸，这个"曳进导梁"也可被引导到对岸的桥台底座上。随着更多的分段被推过河，另一队工兵会负责安装纵梁和桥面板。在这些部件都安装到位后，凸出于侧板之外的横梁末端还可铺设木制人行道。有了这些人行道，在车辆通过桥的主车道的同时，双向的步行交通也可实现。如果要实现双向的车行交通，那就要并排架设两座桥。

贝利桥的优点在于，可将两三块格栅侧板重叠连接以增加强度，还可采用在一块格栅侧板上方堆叠另一块侧板的方式来构筑极其坚固的桥梁。最常见的贝利桥为"双单"型，即车行道的每一侧各固定两层重叠的侧板，高为一块侧板的高度。

40个人可在三四小时内搭建起一座60英尺长的"单单"型贝利桥，可在36小时内搭建起一座300英尺长的"双单"型贝利桥。正如前文所述，一个典型的皇家陆军勤务队舟桥连下辖若干个贝利桥排，而这些排拥有的器材能够搭建3座160英尺长的MLC40"单双"型桥，或者2座MLC40桥外加1座110英尺长的MLC70桥。有时，桥板被敌军炮火严重破坏而无法使用。这时只要切割掉破损的部分，然后在受损桥板的侧面或上方连接加强板即可。桥板甚至可以竖立起来充当框架式桥桩使用，以60英尺的间隔布置的这种桥桩足以支撑任意长度的桥梁。在战争后期，实践证明，经过加固的贝利桥能够承载当时出现的更沉重的装备，例如安装扫雷滚筒的扫雷坦克和240毫米M1自行榴弹炮。

贝利桥极其成功。战争结束后，有许多贝利桥就作为民用桥梁被使用多年，有一些甚至留存至今。

保护桥梁

无论是靠着好运夺取的永久性桥梁，还是作为替代的固定式桥梁或浮桥，都必须设置保护措施，以免被敌人破坏。敌人可能发动反击以夺回渡口，可能实施大规模炮火打击，可能发动空袭，还可能尝试渗透或特种部队式的袭击（在美军出人意料地夺取了莱茵河上的雷马根大桥之后，德军甚至向这座桥发射了7枚V2导弹，派出Me 262和Ar 234喷气式战斗轰炸机空袭，还企图用党卫军蛙人部队袭击该桥，但全都以失败告终）。除了以重兵防守桥头堡，各国军队都要用防空部队来掩护桥梁，还会部署工兵、步兵和宪兵来保卫桥梁。小口径（12.7毫米、40毫米、20毫米和37毫米等口径）高射武器会被部署在桥梁附近，大口径（90毫米、

在1945年3月7日美军第27装甲步兵营A连戏剧性地夺取了位于雷马根的莱茵河鲁登道夫铁路桥之后，这座大桥的上下游侧翼也很快建起新的战术性浮桥。3月17日，这座最初就因德军的爆破尝试而遭到削弱的大桥终于不堪重负，塌落到河道中。不过，美军此时已经建立起稳固的桥头堡，一座贝利桥也在3月20日开放通车。（汤姆·莱姆林/装甲板出版社）

94毫米、88毫米）高射炮则被部署在距离桥梁1千米或更远的地方。有时，一些军队甚至会提供经常性的空中掩护。

备用桥梁部件、多余的桥脚舟和修理部队都被部署在桥梁附近，以便快速修补破损。军队还要采取措施，防止突然涨落的河水破坏桥梁。河水流速的加快或大风都可能使大件杂物漂向下游，有些杂物可能大到足以威胁浮桥。在水面上拉起的绳索可以阻挡此类杂物，而横跨河流的蛇腹形固定铁丝网既能阻拦任何漂浮的杂物，又有助于防范敌军的蛙人。在宽广的河面上，此类绳索和铁丝网可使用浮子来承托。在极端情况下，部队也可使用重型铁丝网，但水下杂物积累多了，会很难清除。这类杂物可能将绳索扯松，而且需要专门的小组使用汽艇来清除。

同一地域往往会架设两三座浮桥，一座供车辆通行，另外一两座供步兵通行。即使原来的永久性桥梁仍在，部队也可能这么做，因为架设备用桥梁总是明智的，而且把渡河地点分散在宽广的地域中可以增加敌军炮兵遮断的难度。部队可以在主桥的上游架设一座轻型步兵浮桥，并将其作为"护卫屏障"。这座桥能够阻挡杂物，而且布置在该桥上的哨兵还能发现敌方蛙人。架桥后不再需要被用于渡河的冲锋舟也可首尾相连地横跨河面，这样的冲锋舟可用于同样的目的，也可用于巡逻。

敌人也许会把带有触发引信或延时引信的漂浮爆炸装置送往下游，以期炸毁浮桥，但这种尝试通常都以失败告终。战斗蛙人可能尝试顺流而下放置爆炸物，还会利用某种类型的浮力装置并伪装成漂浮杂物。比如在雷马根，德军的蛙人就使用了意大利制造的水下呼吸装置。这类尝试也很难成功，因为湍急的水流会使蛙人错过目标，上游警觉的卫兵也会发现蛙人。探照灯可以扫描水面，汽艇可以在河道上巡逻。艇上人员在发现任何可疑迹象后投入水中的手榴弹和炸药会给蛙人造成灭顶之灾。[1]

敌前渡河

完好地夺取桥梁

对于进攻中的军队来说,最理想的情况莫过于完好地夺取桥梁,尤其是大河上的桥梁。1945年3月7日美军在雷马根夺取莱茵河上的鲁登道夫铁路桥之战就被视为大胆行动和快速利用战机的完美范例。[2]这样的胜利有赖于指挥有方、时机凑巧、战术动作勇猛和福星高照等多种因素的综合。

在主力部队前方快速推进的侦察分队或小股先遣队常常能夺占桥梁。这是大部分军队会派出装备精良的高机动性侦察分队的原因之一。这些分队可通过战斗搜集情报,也可利用有利形势去夺占关键地形和地点(包括夺取桥梁、渡口和渡船)以帮助大部队推进。在许多情况下,败退中的敌军来不及建立有效防御(这往往依赖地形),也无暇实施爆破(这个过程本身就很漫长)。有时,即使守军破坏了主要道路上的桥梁,前锋部队也能夺取次要桥梁和渡口。次要桥梁在交通容量方面不如主要桥梁,但其价值并不比后者的价值小。

当然,首先过桥的部队要承担最大的风险。明智的进攻方会先派下车的步兵过桥,因为气势汹汹的装甲车辆会促使守桥部队立刻引爆炸药,而少数步兵可能会让对方觉得有把握对付。不过,这些步兵要拼尽全力去寻找并切断引爆电线,否则就会和桥一起被炸上天。在一些战例中,少数士兵神不知鬼不觉地渗透到对岸并切断了电线,而守军还在傻傻地等着坦克。

如果能以这种方式夺取桥梁并切断引爆电线,那么下一步就是让步兵、坦克和反坦克炮过桥。如果进攻方还不足以建立真正的桥头堡,那至少也要占据一块立足之地,以抵御防守方的反击。防守方还会调动炮火乃至空袭来打击桥梁,希望至少对它造成一定破坏,以阻止进攻方的部队和车辆过桥。但在大多数情况下,桥梁在进攻方到达前就会被炸毁或被烧毁;在某些情况下,桥梁甚至是因率先过桥的坦克太重而被压塌的。此时就必须实施强渡作战。

渡河地点的选择

渡河地点的选择极其关键,需要考虑的不只有敌方的部署和河道的宽度。普通人会觉得渡河地点的河道越窄越好,因为这可以减少暴露于敌军炮火下的时间。

然而，较窄河道的水流流速会急剧加快。这会使进攻方难以用小艇过河，也难以将浮桥固定住。因此，较为宽阔且水流较缓的河道往往是更好的渡河地点。河水深度也很重要，因为河水越浅，流速就越快。河床的构造也会影响桥梁的固定方式，因为船锚在烂泥或细碎的河沙中很难固定牢靠。

选择渡河地点时，此岸容易出入的地方是需要考虑的，但对岸的地形更为重要。突击分队的初始目标和后续目标、离开河岸的出口，以及通向公路网的路线都是关键要素。目标的位置是最重要的因素，而且要尽量选择无人防守或守军兵力空虚的地带。

为了将舟艇、兵员、补给和架桥器材送达，进入突击地域的道路非常重要。物资堆场需要建立起来，部队也要进入集结地域。在离河更近的地方要设置突击队出发阵地或整队地点。步兵和工兵将从这些地点将舟艇搬到下水地点，而河流的此岸就是"攻击发起线"或出发线。这些堆场和地域都必须采取隐蔽措施，以防敌军从地面和空中观察。部队进入渡河地点的路线也要采取同样的措施。河岸的坡度和地面条件必须能让步兵将舟艇搬运到水边。务必为支援武器选择合适的射击阵地，以使火力覆盖对岸。同样地，对岸必须能让步兵攀爬上去，并且（或）有离开河岸的道路。登陆场的出口必须有坚实的地面、可靠的掩护和隐蔽地形，还必须能通向公路。如果河流的一侧河岸与水面齐平或接近，而另一侧河岸高于水面，渡河的难度确实会比较大，因为无论较高的河岸在哪一侧，都需要投入相当多的人力物力去施工，以修筑与桥面高度相当的出入口。既有的摆渡口是架设浮桥的理想地点，因为这些地方有现成的出入道路，而且两岸处于同一高度的登船地点也很适合用来架设浮桥的末端。

河水的流速是必须考虑在内的。如果流速过快，即使是汽艇，在到达对岸前也会被冲向下游。有时，为了欺骗敌人，进攻方会故意把登陆地点选在下水地点下游很远的地方，但前提是两地之间的对岸少有或没有敌军的阵地，以免渡河的舟艇受到"夹道鞭笞"。进攻方可选择多个登陆地点，以便获得多个立足点，而后续部队将投入到强渡最成功的登陆点。

架桥地点与舟艇登陆地点不必在同一处。架桥地点要求两岸都有坚实的地面，有能够承载重型车辆的出入道路，还有用于布置堆场和支援武器的场地。松软潮湿的河岸或泥滩可能会使突击队或车辆进退两难并暴露在敌军火力下。

登陆地点附近最好有易守难攻的地形，以便建立桥头堡防线。理想情况下，纵深地带应该还有多条适合防守的地带，以便扩大桥头堡。在大规模作战中，进攻方可建立两个或更多相隔数英里的桥头堡。这些桥头堡在后续战斗中会逐渐扩大并连成一片。

渡河作战的各个阶段

渡河地点选定后，无论哪支军队实施强渡作战，都要经历若干个合理的阶段。如果敌军在某个时间点失去组织并溃退，或者实施强渡作战的部队因时间限制而无法完成所有步骤，那就可以简化或跳过某些阶段。

图上侦察与策划

师级或军级的工兵指挥官通过研究已选定的渡河和架桥地点的地图与航拍照片（照片尤其重要，因为它们显示的是"实时"地貌，例如季节性河流当前的宽度），可以预测对冲锋舟和架桥器材的需求。随后，他要适时地向上级部队申请这些装备，并确保部队抵达河边时装备也及时送达。他还要预测在建立桥头堡之后继续向纵深突破所需的装备，包括判断部队后续是否还要越过多道水障（比如，天然河流附近有时会有与之平行的运河，这是一个整体水上交通网的一部分）。

初步接近

先头部队抵达河边，驱逐敌军后卫并拔除被绕过的敌军据点。当然，先头部队的主要任务之一是夺取任何尚未被敌军破坏的桥梁。如果敌军已在此岸建立桥头堡以保护渡口，该桥头堡必须被消除或至少被遏制住，尽管这是完全独立于强渡的另一种作战，但两者必然是相辅相成的。接着，工兵会在此岸清除地雷、诡雷和障碍。

地面侦察

渡口及其接近地应进行细致侦察，如有可能，对岸的地形也要进行侦察。如果无法侦察对岸，那就通过地面和空中观察搜集情报。成功抵达对岸的侦察队要尽力搜集关于天然障碍、人造障碍、雷场、道路、小路和敌军阵地的情报。

要询问当地平民，尤其是那些因职业关系而了解水文情况的人。对所有战俘也要严加审问。要找出被丢弃的驳船、舟艇、架桥或筑路器材，以及其他可供工兵使用的物品。

搭乘一艘18英尺长的DL-10折叠登陆艇（见本部分彩图B3）的苏联工兵正在侦察一条河流的渡口。该登陆艇的船头架着一挺SG-43机枪，而大部分士兵携带的是PPSh-41和PPS-43冲锋枪。执行侦察任务时，配备这样高比例的自动武器是必要的，因为侦察队可能与敌人进行突发的遭遇战。（位于克拉斯诺戈尔斯克的俄罗斯国家电影照片录音档案馆馆藏，通过Stavka网站获得）

部署突击、炮兵、支援和工兵分队

指定的突击、炮兵、支援和工兵各分队要机动至集结地域。这些分队要进行广泛的协调，要制订并完善计划，还要开展训练（参与强渡的步兵和工兵尤其要开展训练）。如有可能，这些分队可以在另一条河上开展演练，或者至少要开展干式演练。与此同时，冲锋舟、弹药、给养和架桥器材要运抵并储存在突击队的出发阵地附近。突击分队可以从已经抵达河边的师/团预备队中挑选。另外，根据预期的抵抗强度和可用时间，从后方调来的生力军也可实施强渡。这个阶段要选择突击队的出发阵地，并给部队分发弹药、口粮等。此阶段也可开展欺敌行动。炮兵要进行试射标定。

对于参与强渡大型江河的所有部队来说，强渡前的演练都是必要的。美国第3集团军在强渡莱茵河前，就利用马斯（Maas）河开展演练。照片中，当步兵登上M2冲锋舟时，3名工兵船员中的1人负责分发船桨。船舷已经缠绕了沙袋，以消除划桨时发出的撞击声和刮擦声。这些美军士兵无疑非常愿意遵守告示牌上"禁止游泳"的指示。（汤姆·莱姆林/装甲板出版社）

火力准备

大炮和迫击炮要打击已知的敌军防御阵地、预备队、炮兵阵地、指挥所等。火力计划要预先制订好，以打击展开中的敌军预备队和反击部队。战斗轰炸机和轻型轰炸机要攻击敌军预备队以及其他的阵地和设施。进攻方通常不会攻击河对岸纵深地带内的溪流或河流上的桥梁，而会保留这些桥梁以便部队突破，但可能会对不在主攻路线上的桥梁加以破坏，从而保护部队的侧翼。进攻方往往还会用大炮和迫击炮发射烟幕弹,以遮蔽敌军阵地和观察员的视线。

强渡(另见本部分彩图 H)

　　许多强渡作战是在晨曦初现时发动的,尽管此时的光照条件可能会妨碍部队运动和冲锋舟下水。有时,河面上出现的雾霭能起到一定的隐蔽作用,但也可能造成混乱。理想的情况是在晨晖或在夕照穿过河面并直射守军的眼睛时实施强渡。炮兵将集中火力攻击敌军防御阵地、障碍和敌军炮兵。如果风从此岸吹向对岸,这时可使用发烟机或发烟罐来制造烟幕以掩护冲锋舟;如果风向相反,炮兵应朝对岸发射烟幕弹,这样烟幕就会被吹到河面上。烟幕可能为冲锋舟提供掩护并保住

1944 年 8 月 25 日,在法国韦尔农(Vernon),英国第 43(韦塞克斯)步兵师威尔特郡团第 4 营的步兵在清晨浓雾的掩护下从河畔匆匆登上一艘折叠式冲锋舟,准备渡过塞纳(Seine)河。(帝国战争博物馆,编号 BU71)

1945年3月底，在德国南部，为了渡过莱茵河，美国海军提供了三支登陆艇队。这些登陆艇队装备36英尺长的LCVP（即"车辆及人员登陆艇"）和50英尺长的LCM（即"机械化Mk Ⅲ登陆艇"）。这张照片显示了在西岸的一个登船点，LCVP在发烟罐制造的灰白色烟幕的掩护下将船头抵在岸边，而渡河的士兵有时会从登陆艇上抛出漂浮发烟罐。右侧前景中，一艘载重量为12吨的充气桥脚舟配有安放车行桥板的鞍座。在欧洲西北部作战的美军和英加联军还拥有DUKW-353两吨半两栖车（又名"鸭子"），但这种车辆从未被用于初期的强渡。这是因为这种车辆太过脆弱，而且考虑到它的其他功能，其价值又太高了。（汤姆·莱姆林/装甲板出版社）

舟上人员性命（1940年春天，隆美尔将军在法国指挥第7装甲师作战时曾让炮兵去点燃一个河边的村庄，由此产生的浓烟掩护了乘坐充气艇渡河的部队），但也可能给进攻方造成阻碍，尤其是妨碍其找到合适的登陆场。位于此岸的直射支援武器也会为突击队提供掩护。

建立桥头堡（另见本部分彩图G）

　　登上对岸的突击队必须利用第一道适合防守的地形来建立可行的短期防线，而这种防线用军事术语讲就是"桥头堡"（德文为"Brückenkopf"，法文为"tête de pont"，俄文为"Предмостное"，意大利文为"testa di ponte"）。此阶段要驱逐敌军的前进观察员，要建立防御火力阵地，还要在接近地道路上布设反坦克地雷并用反坦克炮掩护雷场。必须尽可能地保护好桥头堡的侧翼，至少要部署掩护部队。通过这些措施，进攻方能够争取到改善渡口和架设桥梁的时间。如此一来，后续部队和物资就能被运过河，并为纵深突破做准备。拥有装甲车辆的强大兵力通常需要积聚在桥头堡内部，以确保突破成功。将陆续过河的部队逐次投入进攻，这可能不会奏效。为了防止防守方增援其阻击部队，进攻方从桥头堡发起的突破行动应越快越好。

巩固

此阶段应先架设人行浮桥，以便增援的步兵快速过河去补充突击波次的损失。渡船和驳船要用来运输反坦克炮、坦克、大炮和其他支援武器。与此同时，伤员也要疏散到后方。

在工兵努力搭建首批桥梁的同时，坦克和坦克歼击车必须被运到河对岸，以巩固桥头堡并迎击敌军的反击。在这张照片上，美国第4装甲师第803坦克歼击营的1辆M36被放在1艘渡船的木质甲板上以运过莱茵河，而承托甲板的是3艘28英尺长的10吨桥脚舟。这艘渡船由2艘18英尺长的多用途艇推动，还有1名工兵在其中的1艘桥脚舟上维护着22马力"喜运来"舷外发动机。在莱茵河作战期间，海军的LCM也被用来运输装甲车辆。莱茵河各河段的宽度在200码至500码不等，深度在6英尺至16英尺不等。1945年3月22日至23日，巴顿将军指挥的美国第3集团军在位于美因茨（Mainz）和沃尔姆斯（Worms）之间的奥彭海姆（Oppenheim）地段成功横渡莱茵河，而这段河宽300至350码，水深12至17英尺。（汤姆·莱姆林／装甲板出版社）

增援

突击队应该在积聚足够的实力和资源后再实施突破，除非敌人的抵抗微弱且杂乱无章，或者敌人没有足够的机动预备队。很多时候，即使无法达成突破，进攻方也要维持住桥头堡以牵制敌守军，同时从其他桥头堡实施突破。进攻方要建

桥梁完工之后，在桥头堡中积聚兵力的行动就可以全速开展。在这张照片上，美军第 4 装甲师的一辆 M18 坦克歼击车在德国米登（Müden）附近通过一座 M2 车行桥，即将到达摩泽尔河的对岸。在照片右侧，一名工兵正在使用一部 SCR-536 步话机指挥交通。他正与对岸的管制员联系，以使过桥的重型车辆保持间距。（汤姆·莱姆林/装甲板出版社）

造更多的浮桥、摆渡和渡船中转站，要将更多的步兵（包括被指定用于突破的部队）、支援武器，以及物资和弹药运至桥头堡。这一阶段可切实扩大桥头堡。

突破

和强渡行动本身一样，突破行动也将从炮击和空中支援开始。突破任务最有可能交由生力军承担，而原先的突击队将负责防守桥头堡。后续部队和后勤运输车队将处于待机状态，随时准备扩大战果。

考虑到进攻方实施强渡和建立桥头堡需要花费大量的时间并投入大量的兵力，防守方或许有时间在纵深地带建立另一条防线，这条防线很可能是依托另一条河流建立的。因此，进攻方此时或许应该把注意力从己方的准备工作上移开，同时要思考防守方将采取的行动。

防守江河防线

防御性桥头堡

有人以为桥头堡完全是一个进攻的概念。当然,事实并非如此。一支部队在从河对岸后撤,以便在此岸建立防线时,通常会在对岸保留一个桥头堡,而不会将整个对岸拱手让给正在推进的敌人。这种桥头堡通常会围绕现有桥梁的位置建立,即使原先的桥梁已被摧毁也不例外。如果某地没有现成的桥梁,那也可以在有良好出入道路的地点建立桥头堡,并架设浮桥和(或)建立渡口。建立此类防御性桥头堡的战术理由有三条:

1. 桥头堡可以在河对岸为部队提供一个安全的渡河地点,以便日后发起反攻或局部反击。当发动反攻时,部队也不必为了在对岸控制渡口而实施代价高昂的强渡。即使原有的桥梁已被摧毁,这样的桥头堡也有巨大的价值。

2. 桥头堡可迫使敌人部署一定的部队和物资来遏制它。敌人为此动用的兵力往往多于防守桥头堡的部队,这就减少了敌人在其他地方用于渡河突击的兵力。

3. 桥头堡使敌人无法利用现有桥梁或已建成的渡口,从而不得不从较为不利的地点实施强渡。

防守此类桥头堡的部队要控制在比较小的规模,以免其需要大量的弹药和其他物资运过河。但是部队必须考虑桥头堡一带适合防御的地形,要尽一切可能去阻止敌军占领有利地形。被纳入桥头堡的区域要足够大,以便建立纵深防御,并容纳预备队、支援武器、指挥所、医护站、物资、弹药堆放点等。河流的一侧或两侧往往会有城镇或村庄,这有利于桥头堡的防守。建筑密集区能提供掩体和遮蔽,并提供可用于加强防御的障碍;这种地区可迫使敌军装甲部队沿有限的道路推进,还能阻碍敌军观察。

如果要从桥头堡发动反攻,那么桥头堡必须有足够的空间来集结进攻突破部队、后续部队和后勤支援力量。因此,桥头堡可能需要通过局部进攻来扩大,以容纳进攻部队或控制更多适合防守的地形。

为了减轻对进攻性和防御性桥头堡内部空间的需求压力,减少需要运输过河的物资数量，支援炮兵往往需要留在此岸，为桥头堡提供"防空保护伞"的重型高炮部队也是如此。反坦克炮和轻型高射炮也可以被部署在此岸，这至少能为桥头堡的侧翼提供部分掩护。将支援武器部署在此岸还有一个好处，那就是万一部队被迫撤离桥头堡时，可不必放弃这些武器。

防守桥头堡的部队如果遭到敌军的压倒性进攻，将处于九死一生的危险境地。桥头堡内没有多少空间供部队实施机动和反应。在重压之下，脱离战斗是非常危险的，断后的部队极有可能被牺牲掉。几乎可以确定的是，桥梁在所有幸存者撤离之前就要被炸毁。在最好的情况下，守军也要冒着炮火，经永久性桥梁撤退。在最坏的情况下，他们可能不得不穿过被子弹打成筛子的人行浮桥或乘坐橡皮艇逃离，或丢弃武器、装具和鞋子，并尝试游泳逃生。

针对强渡的防御

根据战术形势和地形，防守方很少会将阵地直接设在河岸上。也有一些在河岸上防守的实例，前提是进攻的敌人没有足够的火炮（这种情况很罕见），或者防守方有时间修筑坚固的工事和障碍。然而，设置在河岸上的阵地很容易被敌军发现，或者至少会被敌军怀疑，从而招来对岸的大炮、迫击炮和直射武器的猛烈打击。通常，防守河流的一方会将阵地布置在比较靠后的位置，最好是依托峭壁、丘陵、山岭、森林或建筑密集区。虽然横跨河流或靠近河流的城镇可以作为防守阵地，但进攻方很少会在这类城镇附近渡河，除非战术形势要求其这么做。河中的岛屿通常都太小而不适合防守。守岛部队被用于别处往往更有利，而且可避免遭到围歼。不过，这类岛屿可以布设地雷和诡雷。进攻方可能利用岛屿的遮蔽来完成舟艇的下水，然后让这些舟艇绕过岛屿并前往对岸。因此，防守方可能需要部署一些携带信号枪的观察员以提供预警。

在部署武器和障碍时，防守方需要站在进攻方的立场去考虑潜在的舟艇下水地点和架桥地点。因为没有足够的时间或器材，防守方很少会在整条河的河岸上布满障碍。主要的登陆场可能会设置障碍，尤其是布雷。雷场可以设置于紧贴河岸的位置、道路、岔路口、小路和其他与河岸相连的通道。如果时间允许，在撤离进攻方所在的河岸前，防守方还可在此布设障碍和地雷，以阻碍其接近和集结。

防守方可能不会将部队部署在河岸边，但会设置一些观察所来提供预警，还会设置一些小型火力点来干扰进攻方的侦察队和突击队。一些自动武器可能被部署在贴近水面的高度，以便在冲锋舟接近时扫射水面。机枪阵地可能被设置在河流的弯曲部，以便对登陆部队形成纵射（使火力贯穿其队列）。前进观察员的位置是关键，因为他要引导预先标定的大炮和迫击炮射击（这就是烟幕对进攻方如此重要的原因）。使用机械延时引信的空爆炮弹对舟艇和浮桥的毁伤效果尤其显著。预先标定的炮火会打击进攻方可能的集结地、突击阵地、过河点、出口道路，以及防守方一侧河岸上可能被登陆的进攻方占领的防守地形。如果进攻方投入了渡船并架设了桥梁，防守方的炮兵也会集中火力打击它们。

要用炮火打击浮桥，或打击其他位于水面或贴近水面的桥梁时，炮兵阵地最好被布置在能够对桥梁形成纵射的位置（射击方向与桥梁的长轴重叠）。炮弹落点在距离上的散布大于方向上的散布。落在桥梁旁边的近失弹也能造成有效毁伤，因为在水面上爆炸的炮弹所产生的弹片大部分会飞向侧面，部分会向前飞，只有一小部分会向后飞。

实施强渡

准备

江河突击行动在很多方面都类似于其他任何突击行动，只不过其进攻出发线与目标之间横亘着一道水障。河流本身并不是强渡江河的目标，而是拦路的障碍，并且还会得到其他障碍（带刺的铁丝网、地雷、反舟艇障碍）的加强。和任何进攻行动一样，实施强渡的团、营、连都会被分配到其负责的区域。美军、英军和德军都倾向于在狭窄正面发起突击，苏军则偏爱较宽大的进攻正面。苏军认为在狭窄正面上进攻不仅会使进攻方很快丧失突然性优势，还便于防守方将兵力集中于选定地域。很多时候，德军没有足够的机动预备队来应对苏军的这一策略。

不同的参战部队在突击准备中要承担不同的任务，但前文描述的各个阶段的任务通常都是由从营到师的各级梯队完成的。通过考察连一级实施强渡的过程，我们可以了解这类作战对参战部队的要求。

1944年，荷兰，美国陆军的M26"龙辇"装甲牵引车正牵引着M15坦克运输半挂拖车，前往下水地点。M26"龙辇"装甲牵引车被英军称为"水牛"，而拖车上装载的是LVT（4）"短吻鳄"两栖突击车。两个同盟国集团军群在强渡莱茵河的作战中都使用了这种突击车，还使用这种装甲牵引车将美国海军的LCVP和LCM运到内陆，并将这两种登陆艇用于强渡作战。这个极端的案例提醒人们，任何渡河作战在开始之前，都要通过拥挤不堪且饱受摧残的公路网集结部队，而其中所涉及的运输量是极其庞大的。（汤姆·莱姆林/装甲板出版社）

理想情况下，突击队应该至少提前3天得到通知，如有可能，应该提前10天得到通知。实战中，往往没有这样宽裕的时间。有时，部队不得不在毫无准备的情况下，利用手头现有的资源实施强渡。理想情况下，军和集团军级的架桥器材应该根据预测被及时调配到前线。但指挥官们很快就发现，交通线上的堵车会导致架桥器材姗姗来迟。

突击队的规模取决于进攻正面宽度、敌军的部署和实力，以及可用的冲锋舟数量。对苏联红军来说，工兵分队在时间允许的情况下就地打造船只不是什么稀罕事。德军在早期的征战中往往会利用征用的船只和简易浮筏。通常，无论突击队是一个连，还是整整一个营，所有可用的船只都要用在第一波突击中。如果在狭窄正面上进攻，一个营下属的每个连都可以构成一个波次。如果船只足够多，每个波次都要分到船只；如果不够，那么在第一波突击队过河后，工兵船员需要把船开回来接下一波突击队。在某些情况下，一些船只还要留作备用，以补充初期的损失。

突击分队会听取任务简介。领队会侦察通向河边、集结地和突击阵地的道路，并观察对岸。步兵、工兵和炮兵之间的协调必不可少。集结地要建立在隐蔽的地点。步兵和工兵将在这些地方集结，舟艇也会被运到此处。在这些集结地附近，还有准备浮筏和浮桥器材的区域。一个观察所应建立起来，以便观察突击地带和登陆场，并将前方情况传达至各个后方指挥所。炮兵观察所也要建立，而且派出的炮兵前进观察员也要与突击队一同行动。相当数量的炮兵要集中起来，以加强承担突击任务的师，例如苏军的正面每英里都会集中240至320门火炮。反坦克炮也要部署，以提供直射火力支援。

从集结地到突击阵地的道路会被标记出来。工兵会清除敌军在相关区域和道路上可能布设的地雷，甚至还要清除敌军撤退到河对岸后又偷偷潜入并布设的地雷。所有准备活动都要尽可能隐蔽地进行，而且往往需要在夜间进行。上游或下游可能需要实施欺敌行动以误导敌军，比如苏联红军往往会开展大规模的佯动。这类行动包括派出显眼的巡逻队，将冲锋舟和桥脚舟调动到假集结地，炮兵试射，增加人员和车辆的活动，机枪射击，释放烟幕和照明弹。为了进一步欺骗敌人，实际渡河地点可能会选在条件不甚理想的位置，但此处必须有可供车辆出入的道路。任何佯攻都要在真正的渡河开始前进行，以求将敌军部队骗至看似受到威胁的地区。

1945年3月，在为强渡莱茵河而进行的演练中，美军步兵正在练习从M2冲锋舟上快速跳下并登岸。（汤姆·莱姆林/装甲板出版社）

　　各级指挥部要开展图上演习，以确定行动顺序并制订时间表。如有可能，演练会在附近的河流上开展，哪怕这条河小于要强渡的河流。突击队需要熟悉全副武装地搬运舟艇、下水、划船和下船。即使没有可用于演练的河流，突击队也要在干式演练中搬运舟艇，并学会如何划船。如果船只太小而无法装载整个班，突击队就要分成一个个登船组。机枪和迫击炮要伴随突击队冲锋。

　　江河突击既可在白天实施，又可在夜间实施。如果敌方抵抗力量较强，部队就更倾向于在夜间实施。部队需要管制灯火并保持无线电静默。道路会通过路标、胶带和调暗的手电筒光进行标记。向导将带领突击队前进。理想的情况是在黎明前发起突击，夺取桥头堡防线，以及在晨曦初现时做好迎接反击的准备。

　　突击队要在指定的时间从集结地转移到突击阵地。突击队通常要搬运其舟艇，但如果有足够的隐蔽措施，这些舟艇可能会被预先放置到前沿。噪声和灯光纪律至关重要，而士兵在携带全副作战装备的情况下还要搬运沉重的舟艇，这并非易事。船舷上沿或附近通常会有携行绳或提把。因此，舟艇可被提起来，但悬空的船底可能会被障碍物卡住。要避免被障碍卡住，那就要把舟艇翻过来搬运。在夜

169

间作战中，随身携带的武器通常要装好子弹，但子弹不能上膛。刺刀会根据命令被卸下或被装上，但这种武器在拥挤的冲锋舟上和充气船上可能会造成危险。电台之类的敏感装备可能需要采取一些保护措施。士兵可用胶带或其他工具封住枪口以防进水。由于士兵很少能领到救生衣，他们还可解开背带，以便在落水后快速丢弃装备。

冲向水边

在预定的时间，士兵们会抬起冲锋舟并穿过进攻出发线。这通常也是最后需要隐蔽的时刻。从此刻开始，士兵在搬运冲锋舟时要将船底朝下。为了不惊动守军，掩护火力此时不会增强。踏过淤泥和植被并走下河岸的这段行程是一段困难的行程。如果从陡峭的河岸上下水，冲锋舟不能像航行时一样船头在前，而必须侧着下水。船头往往要布置班用自动武器。炮火准备必须等到突击队临下水前才开始。如果是夜间强渡，为了确保突然性，炮火准备可能还要等到突击队被发现、敌人做出反应时才开始。

冲锋舟一旦下水，即使遭受惨重伤亡，继续前进也比掉头返回好，因为这可缩短暴露在敌军火力下的时间。如果能快速抵达敌方河岸，冲锋舟也许会进入敌军纵深武器的射击盲区。指挥官会要求士兵避免从冲锋舟上还击，因为这种做法并无效果，还有误伤自己人或其他冲锋舟的危险。此岸的掩护武器（反坦克炮、机枪、迫击炮）都会开火。各登船组在跳下各自的冲锋舟之后不会停下来重新组成排，而是各自为战。无论残余兵力有多少，各登船组都要全力冲向指定目标并夺取立足点。工兵会将这些带着伤员的冲锋舟开回此岸，然后将后续波次运送过河，直至人行桥和渡船到位。

各国军队都使用浮筏和渡船，但苏联军队用得最多。士兵可将浮筏和渡船以分段形式运到前线，再将其组装好并推下水，也可在对岸无敌军据守的上游河段将其组装好，然后让其顺流漂至渡河地段。第一批渡船和浮筏会运载反坦克炮、迫击炮、弹药和坦克。美军的惯例是把满载弹药的拖车运过河，然后将其丢在对岸，任由需要补充的部队自行取用。美军和英军还会将至少一辆推土机送到对岸，以建设渡口和平整架桥的场地。当对岸桥头堡已经稳固并有足够大的空间时，炮兵就开始过河，但每次过河的炮兵数量必须控制在炮兵总数的三分之一。

"真家伙"：1944年9月19日，在法国利勒圣于贝尔（Lille-St Huberet），英军步兵肩扛FBE Mk Ⅲ，走向进攻出发线，准备横渡默兹－埃斯科运河（Meuse-Escaut Canal）。这种冲锋舟有木质的硬壳船底和可折叠的帆布船舷，重达940磅。有几个英国士兵将全尺寸的工兵锹和鹤嘴锄插在其装具下面，这在欧洲西北部很常见。用这些工具挖掘工事要比用单兵掘壕工具挖掘工事快得多。（帝国战争博物馆，编号BU960）

渡河地段应尽快搭建至少一座（最好是两座）战术人行浮桥，以便更多的步兵过河。随后，能够通行坦克的浮桥也要被架设起来。根据作战节奏，即使桥梁建成，渡船也有可能继续运作，因为在主要桥梁受损或交通堵塞的情况下，渡船就可发挥很大作用。

突击队会扩大桥头堡，然后在某一时刻依托有利地形构筑工事，以应对反击。突破部队将在突击队的身后集结。这类部队有一个重要目标，即驱逐守军的前进观察员，从而阻止其引导炮火来打击桥梁和桥头堡。随后，其他工兵分队会赶来架设载重量更大的半永久性桥梁（例如贝利桥或木结构桥），也可能会去修复被毁的民用桥梁。工兵分队可能将其战术性桥梁留在原地，也可能在有更坚实的替代桥梁后将其回收。他们很快就要忙着准备下一次渡河。

美军步兵提起工兵运来的 M2 平底冲锋舟，并将其搬到位于摩泽尔河边的进攻出发线。据估计，突击队的步兵在战斗条件下搬运冲锋舟的最长合理距离是 300 码，但在紧急情况下会超过这一距离。在 1944 年 1 月的拉皮多（Rapido）河作战中，他们就不得不带着冲锋舟走了约一英里的路。（汤姆·莱姆林／装甲板出版社）

失败战例：强渡拉皮多河

本书篇幅有限，不可能详细研究或比对真实的强渡战例。读者在看了前文描述的渡河作战的"教科书式"组织、装备和准备工作（尤其是与盟军相关的部分），又了解到盟军在意大利和欧洲西北部的作战都以胜利告终之后，可能会产生一种片面的理解，那就是头几波突击队要面临显而易见的危险，但此类作战必然会取得胜利。然而，这与真实情况相去甚远。考察一下 1944 年 1 月在意大利拉皮多河上的强渡作战，读者就能在一定程度上认识到这类作战的策划和准备出现纰漏时会导致什么后果。

任务与准备

1944 年 1 月中旬，在凯塞林元帅的"古斯塔夫防线"西南端附近，美军和英联邦军队受阻于德军依托卡西诺山（Monte Cassino）建立的坚固阵地。于是，盟军方面决定马克·克拉克（Mark Clark）将军指挥的美国第 5 集团军与杰弗里·凯斯（Geoffrey Keyes）将军指挥的美国第 2 军、理查德·麦克里里（Richard McCreery）将军指挥的英国第 10 军一道越过拉皮多河和加里利亚诺河（这两条

1944 年 1 月 19 日，在德军炮兵射程内的某地，英军步兵正匆匆通过加里利亚诺河上一座由 FBE Mk Ⅲ 组成的浮桥。从地形来看，这张照片拍摄于河口附近。1 月 17 日夜至 18 日晨，第 5 师在此地未经炮火准备，却出其不意地让其两个营成功渡河。该师建起一个桥头堡，并顶住了"赫尔曼·格林"（Hermann Göring）装甲团的反扑。但由于德军其他部队赶来增援，英军计划的突破未能实现。这些 FBE Mk Ⅲ 使用新的钢制桥板支撑梁，而两艘 FBE Mk Ⅲ 在安放上 14 英尺长的桥板分段之后还可运输卡车或大炮。（帝国战争博物馆，编号 NA10942）

河都大致呈南北走向，于卡西诺山以南处交汇），向西发起攻击。除了完成直接目标，盟军还希望此举能起到牵制作用，以使德军将其预备队调离意大利西海岸的安齐奥（Anzio）和罗马，并为预定于1月22日开始的安齐奥登陆扫清障碍。然而，当时美英两国高级指挥机关之间的关系势如水火，两军之间的配合也多有瑕疵。

从1月17日夜至18日晨，第5集团军左翼的两个英军师在加里利亚诺河下游的不同地点开始实施渡河。这两个师建立了多个强度不一的桥头堡，但这些桥头堡都遭到猛烈反击。这使其无法在短期内达成突破。英军的第三路渡河部队，即第46师，计划于1月19日夜至20日晨在圣安布罗廖（Sant'Ambroglio）对面渡河。美军第36步兵师将于次日夜间渡河，并将其渡河地点选在英军渡河地点以北约4英里处，而英军第46师的目标就是占领可俯瞰美军渡河地点南翼的高地。然而，为了应对英军先前的渡河行动，德军打开了位于圣乔瓦尼（San Giovanni）的利里河的水闸，这导致英军第46师当面狭窄的加里利亚诺河下游河段洪水泛滥。英军试图让搭载绳索的小艇过河，但尝试了14次，均告失败。到了20日上午，由于德军炮火覆盖了河岸，英军的渡河尝试不得不暂停。因此，美军渡河地点以南的高地仍未被盟军控制。

在美军的渡河地点，尽管向南流淌的拉皮多河的流速达到8英里/小时，但从其他方面来看，这条宽25至50英尺、深9至12英尺、河岸高3至6英尺的河显然不是一道雄伟的天堑。某些河段的东岸（美军一侧的河岸）因冬季连绵的阴雨而成为一片"泽国"。美军一侧的河岸不仅低于德军一侧的河岸，而且浸透雨水的空旷河滩几乎无遮无掩。美军只能通过几条土路将舟艇和架桥器材送至前线，而这些道路也泥泞不堪。

不过，德军在西岸的防御阵地确实威武雄壮。在美军渡河地段的中心，对岸离河550至700码处有一道高40英尺的峭壁，而圣安杰洛（Sant'Angelo）村就坐落在峭壁顶上。在那里，久经沙场的、由埃伯哈德·罗特（Eberhard Rodt）将军指挥的德军第15装甲掷弹兵师拆毁了民房，构筑了坚固工事，并将突击炮、机枪和迫击炮布置在了射击掩体中。该师还在后方修筑了地下掩蔽部，以藏匿火炮和士兵。在河岸附近，间隔30至40英尺的T形战斗阵地和混凝土地堡可俯瞰整个河段。带刺铁丝网、地雷、诡雷和绊索式照明弹不仅仅被布设于德军一侧河岸，而是两侧河岸都有，而且美军一侧河岸的大部分树木和灌木都被德军砍伐，以防美军利用其隐蔽。美军工兵曾尝试清除此岸的地雷，但由于地雷太多且布设得太不规则，他们只能清扫出一些 10 至 12 英尺宽的通道，并标记出较大的雷区。德军还趁着夜色悄悄过河，并布设了更多地雷。整片地区都处于两翼高地的观察下，而且德军的大炮、火箭炮、迫击炮和机枪可以用预先标定的并有观察员引导的火力覆盖两侧河岸。

弗雷德·沃克（Fred Walker）将军指挥的美军第 36 步兵师得到师属的第 111 战斗工兵营的支援，还得到第 16 装甲工兵营两个连的支援。第 19 战斗工兵团的几个营也被配属给两个突击团，即第 141 步兵团和第 143 步兵团。作为预备队的第 142 步兵团将在突破行动中担任前锋，而第 36 侦察连将在后期过河并保护桥头堡的南翼。第 111 战斗工兵营提供了 119 艘冲锋舟和 113 艘充气侦察艇。在河岸不再受炮火威胁时，该营还将修筑 2 座供坦克和重武器过河的贝利桥。该营没有人行浮桥器材，但会用人行桥板分段和充气艇来搭建几座便桥。第 19 战斗工兵

1945 年 2 月 24 日，在德国于利希的鲁尔河上，一座 M1938 步兵人行桥被湍急的水流冲断——被炮弹命中显然也会造成同样的结果。1944 年 1 月，部队在强渡拉皮多河时没有 M1938 步兵人行桥套件，只能用人行桥板和小型充气侦察艇来搭建简易浮桥。这些浮桥历经两天三夜的猛烈炮火，反复被炸断、修复，又再被炸断。最终，突击队还是被孤立在了对岸。不同于这张照片上林木繁茂的河岸，拉皮多河的岸边是寸草不生、遍布地雷的烂泥地。请注意，照片前景中有一个填充软木的木制浮箱和一艘方头的 M2 冲锋舟。（汤姆·莱姆林/装甲板出版社）

团将提供20艘冲锋舟和30艘充气侦察艇,并会搭建1座车行桥和4座简易人行桥。在部队占领圣安杰洛后,该团还会搭建1座贝利桥。部队向上级申请了12辆DUKW水陆两栖车,但遭到拒绝——考虑到河岸陡峭且泥泞,这些车辆能否发挥作用很值得怀疑。

第141步兵团将在圣安杰洛以北的一处过河,其任务是占领纵深长1100至1500码的桥头堡。该团第1营将以三个齐头并进的连发起突击,第3营将利用返回的舟艇和5座人行桥跟进,而作为预备队的第2营将在别处"以火力示威"并伴装渡河。第143步兵团将在圣安杰洛以南渡河。该团第1营的各连将依次渡河,第3营的各连将在更偏南的地点依次渡河,而作为预备队的第2营将随时增援任何一路攻击部队。每个营的先锋连都将使用冲锋舟渡河,其他连则使用人行桥渡河,而每营有2座人行桥。整个作战将得到16个炮兵营的支援,还会得到第1装甲师的坦克、坦克歼击车和迫击炮营的支援。炮火准备将持续30分钟。

准备过程出了不少问题,而且只有3天时间可用。在10英里外的沃尔图诺(Volturno)河上进行的演练是由第5集团军而非第36步兵师主持的。沃尔图诺河流速较慢,河岸较低。在演练中,部队未向士兵们教授搬运冲锋舟下水的正确方法,也没有指定桨手。值得注意的是,参加演练的是第142步兵团,但其突击任务后来却被转给了没有参加演练的第141步兵团。美军本来预计可以用卡车将冲锋舟和架桥器材直接运到河边,但是被雨水浸透的土路成了无法通行的泥潭。步兵和工兵之间没有什么有效的协调,而且二者对架桥地点也意见不一。情报少得可怜,偷渡到德军一侧河岸的侦察队抓到的俘虏寥寥无几。

在迪芬萨山(Monte la Difesa)和圣彼得罗因菲内(San Pietro Infine)经历多场山地苦战之后,第36步兵师已是一支士气低落的疲惫之师。该师的士兵和尉官有很大一部分都是新补充的"菜鸟",而且营长中就5人从未承担过此类任务。鉴于左翼英军的渡河已经受挫,师长弗雷德·沃克预计这次强渡——在两翼暴露且直接面对敌军的观察和火力的情况下渡过一条无法徒涉的河流——也将以失败告终。

强渡

按照计划,进攻应该在1月20日20:00(日落3小时后)发起。这样,部队就可利用11个小时的黑夜来建立桥头堡并架设桥梁。由于卡车无法开到河边，美军不得不抬着舟艇走了整整一英里。这个缓慢而费力的搬运过程闹出了不少动静，包括触发了德军在美军一侧河岸布设的地雷和绊索式照明弹。这些动静使敌军早早得到预警。当美军的炮火准备刚一开始，德军的大炮就开了火，而且在美军停止炮火准备后也没有罢休。在迷雾笼罩的夜色下，地雷和炮火导致大约三分之一的士兵在到达河边之前就已伤亡或掉队，剩下的人也因在烂泥中艰难跋涉而筋疲力尽。

河岸的坡度为40至50度，这导致以船头在前的姿态下水的美军舟艇进了不少水。此外，美军也没有指导士兵们将舟艇侧放下水。在美军部队接近河岸的过程中，一些充气艇就已被敌军的大炮和迫击炮火力击穿。在乱糟糟的第一波渡河中，美军的舟艇又被击沉或被击伤不少。一些士兵被淹死在水里，一些士兵被接近冰点的河水冻得难以动弹，而好不容易上岸的人又遇到更多的地雷。第一个小时过去后，只有百来名美军士兵到达对岸。美军在舟艇的尾部系了绳索，以便部队在对岸下船后就将这些舟艇拉回此岸。然而，湍急的水流将舟艇冲向下游，许多舟艇都没能回收。额定载员2人的充气侦察艇不敷使用，而且还有许多被击穿（值得一提的是，乘坐侦察艇的士兵带着上了刺刀的步枪）。

经过这一波混乱而零散的渡河后，美军在等待后方补充舟艇时又花了2个小时。这是因为舟艇仓库里没有能将舟艇运上前线的工兵，只能靠参加强渡行动的步兵来搬运。大部分被运往前线的架桥器材被毁于炮火和地雷，剩下的一些又被发现存在缺陷。桥梁架设完成后，甚至桥板上结的冰也导致一些士兵落水。黑暗中，美军一侧河岸在炮火的打击下乱成一团。步兵等着工兵把舟艇运上来，工兵等着炮火平息以架设人行桥，而工兵的雷区向导始终没有和步兵取得联系。此外，过量使用的烟幕不仅导致不少美军士兵迷失方向，也使友军的观察员无法观察。

第141步兵团第1营的两个连有几船人过了河。在付出巨大的努力后，3座人行桥完好地保持了较长时间，这使后续部队得以过河并提供增援。第143步兵团第1营的大部分人马都过了河，还架设了2座人行桥。但是到天亮时，这2座桥都被炮火摧毁，而且德军的反击造成的严重伤亡导致该营营长擅自撤退。第143步兵团第3营始终没能过河。日出时，该营不得不暂停渡河。对岸的少数美军士兵接到就地防守的命令，但他们发现，散兵坑仅挖到8英寸深就会被泥水灌满。士兵们被来自三面的火力打得抬不起头，一些人临阵脱逃，各连分别只剩20多名可作战的人员。到1月21日上午10点左右，德军指挥部通报称，美军突击队已被全歼。

凯斯将军命令沃克将军在1月21日14:00发起第二次突击。然而，美军仅仅为了凑齐50艘冲锋舟和50艘充气艇就已大费周章，不得不将此次突击推迟到16:00。突击开始时，第143步兵团的第3营和第2营在一个地点过河，而第1营在另一个地点强渡。与此同时，工兵们拼命地架设和维护人行桥。已经过河的部队被困在一片纵深仅200码、宽600码的狭小区域内。到次日黎明时，第143步兵团第1营只剩250人。在22日黄昏降临前，美军指挥官确信该团的立足点已无法固守，因此撤出了幸存者。

在北面，第141步兵团第2营一部从1月21日21:00开始过河。2座人行桥维持的时间仅够该团第3营的部分人马到达对岸。在到达对岸后，第141步兵团在离岸近1000码处建立了防线。但是到1月22日天亮时，该团也被完全孤立，并遭到无情的炮火打击。在第二天夜里，第141步兵团和第143步兵团总共只有700人成功过河，而搭建贝利桥的一切努力都在敌军的炮火下被挫败。因此，装甲车辆也无法过河去支援他们。

1月23日凌晨02:30，第142步兵团发起突击。然而，由于没有准备时间，舟艇寥寥无几，其他装备也不足，该团此次尝试的结果早已注定。后续作战被叫停。在安齐奥登陆成功的消息传来后，前线部队奉命撤退，因为更多的牵制行动只会白白损失人命。德军提议休战三个小时以收容伤亡人员，但盟军未予理睬。

强渡拉皮多河是一场不折不扣的灾难。美军第36步兵师及其配属部队损失惨重，有1330人伤亡或失踪，还有770人被俘，而这些人员大多来自投入此次作战的6个步兵营的5200多名官兵。该师继续战斗至当月月底，但随后不得不撤至后方并重建。德军第15装甲掷弹兵师的损失仅为64死、179伤。

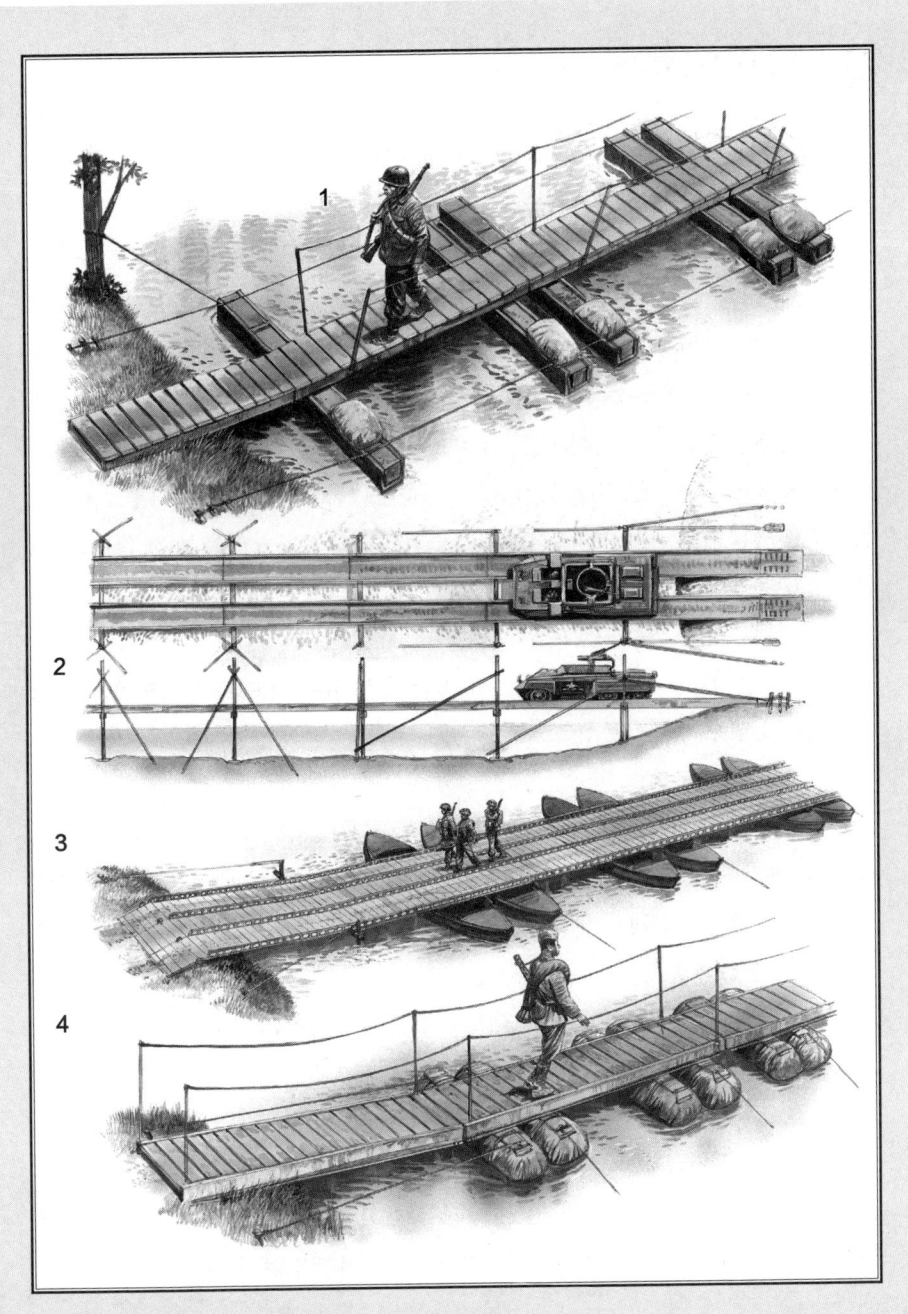

A. 战术桥梁的类型

A. 战术桥梁的类型

各交战国军队使用的战术桥梁在理念上是非常相似的。

1. 美国 M1938 步兵人行桥

这种桥的使用范围很广。较大浮桥的上游常会架设一座这种桥。这不仅是为了分流大浮桥的人行交通，让其专供车辆使用，也是为了保护大浮桥，使其免受漂浮杂物的撞击。这种人行桥使用的 10 英尺 ×1 英尺 ×1 英尺的浮箱就是充填了软木的胶合板箱。图中，这些浮箱的下游端还有沙袋配重，以免其上游端因水流冲击而下沉。这种桥都配有 432 英尺长、26 英寸宽的桥板，并且可在 30 分钟内架设完毕。桥的浮箱也可用冲锋舟来代替。当冲锋舟成对地、船尾对船尾地连接起来后，相邻的两对冲锋舟以其中心线对齐并保持 10 英尺的间隔，再铺上双重车行胶合板，这样就能架成可供轻型车辆使用的类似浮桥。

2. 美国固定车行桥（俯视图和侧视图）

在较浅的水道上，固定车行桥梁可使用 M1 浮桥和 M2 浮桥的钢制车行板和栈桥支架来架设（见本部分彩图 F）。

3. 英国折叠艇浮桥

这种桥的两端为钢结构栈桥。桥脚舟为成对使用的、21 英尺 9 英寸长的 FBE Mk Ⅲ，而且这对桥脚舟以木质桥板和钢质纵向构件固定。这种桥可被快速架设，其载重量达到 8 吨。

4. 苏联 TZ-1 "不沉" 人行桥

这种桥与美国 M1938 步兵人行桥相似，可架设成 184 英尺长的单行桥或 92 英尺长的双行桥。桥的浮箱是装有木棉或其他可漂浮材料的防水帆布箱。每节桥板宽 2 英尺 4 英寸，长 11 英尺 4.8 英寸，并在两端各配 1 对浮箱。一节带 4 个浮箱的桥板可当小筏子使用，而且足以承载一个完整的步兵班。即使没有桥板，任意合理数量的浮箱也可被捆绑在一起并充当筏子。还有一种类似的人行桥是以桥板和 10 英尺 6 英寸长的 LMN 三人充气橡皮艇架设而成的。

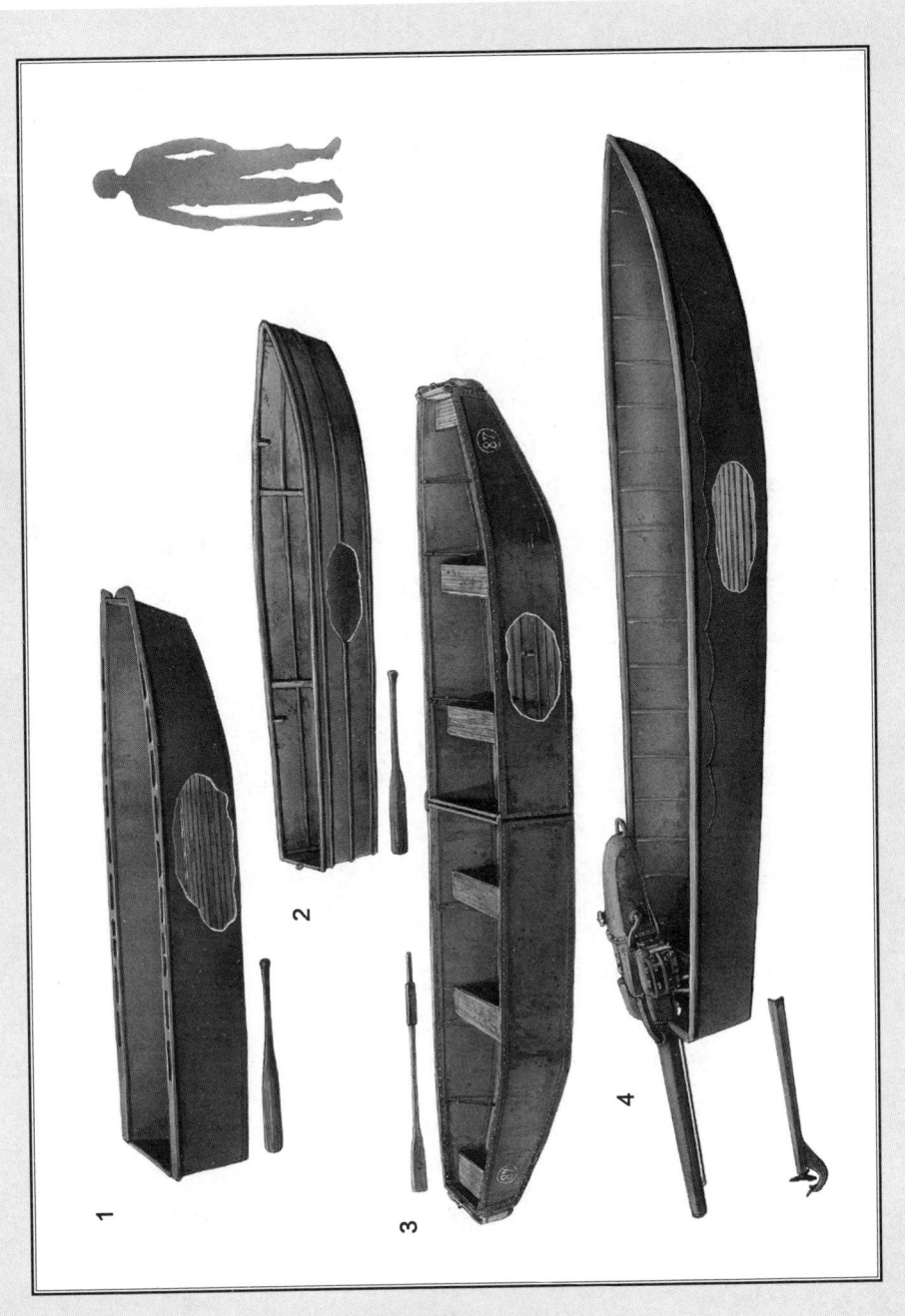

B. 冲锋舟

B. 冲锋舟

各国军队都有多种型号的冲锋舟，包括小帆板、折叠式帆布舟和木舟、钣金艇和汽艇。图中的人形剪影代表的是一名身高 1.72 米的士兵，以便读者直观地了解这些船的大小。

1. 美军 M2 冲锋舟与配备的船桨

这种船头和船尾为方形的刚性木制方驳船，1 艘就可搭载 1 个 3 人船员组和最多 12 名乘客。2 艘这种船在船尾对船尾地连接起来后可充当浮桥的桥脚舟。请注意船舷凸缘上的提手槽，从破洞处可以看到内部的船底板。

2. 英军 Mk II 冲锋舟与配备的船桨

这是一种木材和帆布制成的、带有金属撑竿的折叠艇。Mk II 冲锋舟长 12 英尺 1 英寸，宽 4 英尺 8 英寸半，高 1 英尺 6 英寸，空重 162 磅。这种冲锋舟可搭载 2 名船员和最多 7 名乘客，配备 4 支船桨。破洞处展现的是黑色橡胶地板垫。

3. 苏联 DL-10 登陆艇与配备的摇桨

这种由两节组成的登陆艇长 18 英尺，宽 4 英尺 11 英寸，高 1 英尺 8 英寸半，可搭载 2 到 4 名船员和 10 到 12 名乘客。这种船采用折叠式设计，由酚醛树脂涂层胶合板制成，带有铆接的金属边条和以对角线布置的金属撑竿。船两头的帆布端板内侧都有 1 个小座椅。这种登陆艇配备 5 英尺长的摇桨。不同寻常的是，这种船为桨手设置了长条座椅，而大多数军队认为这会挤占过多空间。4 排长条座椅上方的船舷上缘可以安装桨架。

4. 德军 39 式轻冲锋舟与配备的"动力桨"

德军 39 式轻型冲锋舟采用刚性木质结构，长 19 英尺 7 英寸，宽 5 英尺 2 英寸半，高 3 英尺。虽然尺寸相对较大，但这种冲锋舟只能容纳 2 名船员和 6 名乘客。舷外的"动力桨"（为显示在一页上，图中的被截成两段）长 13 英尺 4 英寸，而发动机和油箱占用了冲锋舟大量的空间和额定载重量。为提高适航性，后期版本铺了一些甲板。

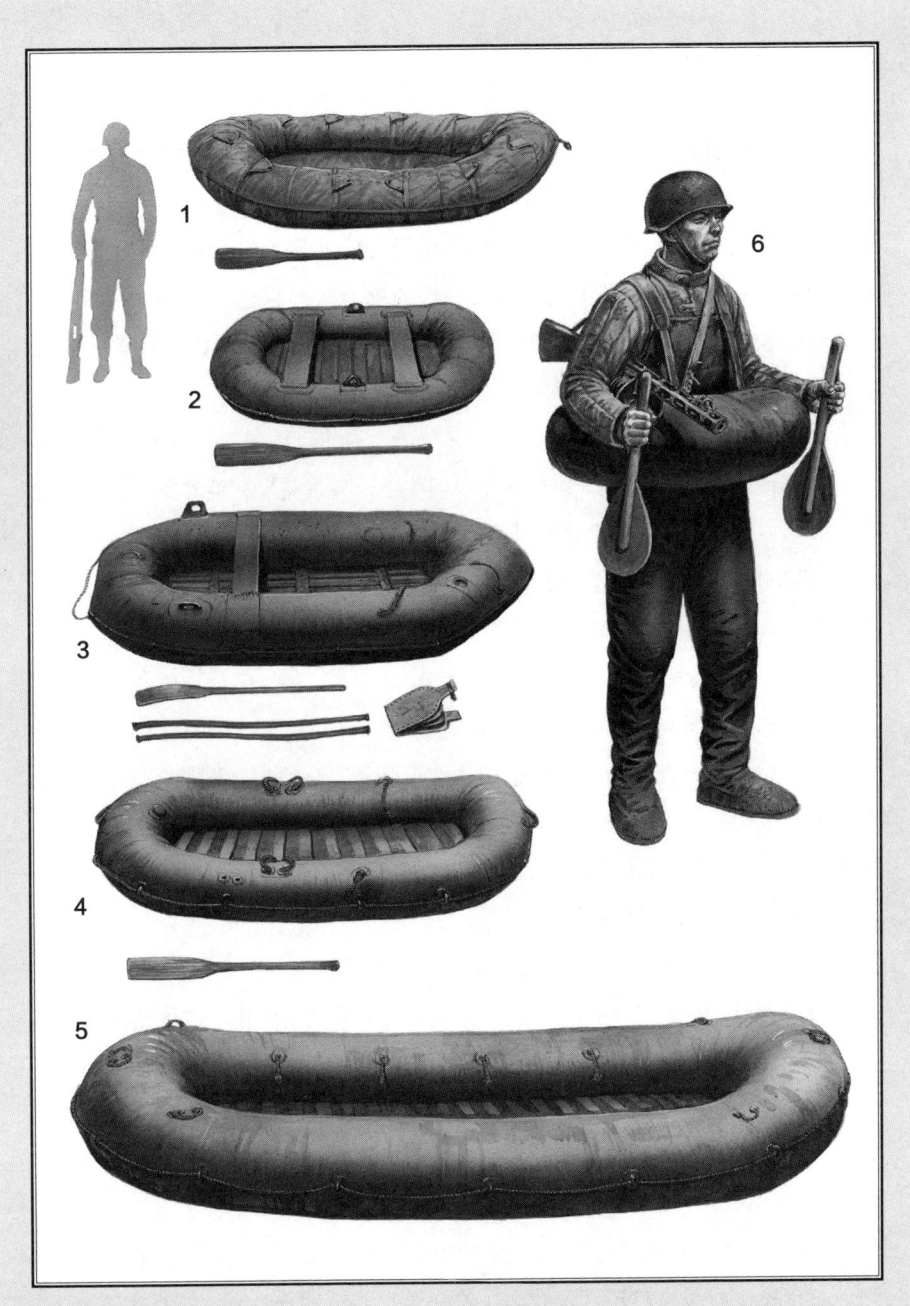

C. 充气艇

� C. 充气艇

各国军队都使用充气艇（搭载 2 至 3 人的小艇以及更大的型号）遂行侦察和强渡，运送人员、武器和物资，作为浮桥的桥脚舟和渡船。大部分充气艇由硫化橡胶制成，但较小的型号可能是经合成处理的帆布制作的。以橡胶制作的充气艇多为黑色或灰色，帆布制作的则为橄榄绿色。有些充气艇可能被漆成比较暗淡的颜色，但漆面迟早都会剥落。再次说明，图中作为比例尺显示的人形剪影代表一名身高为 1.72 米的士兵。

1. 美军侦察艇与配备的船桨

美军侦察艇长 8 英尺，宽 3 英尺 9 英寸半，高 1 英尺 9 英寸半。这种充气艇能搭载 2 至 3 人，如果携带战斗装备，搭载 2 人则更为实际。其充气部分以经过处理的帆布制成，内含 12 个气室，这比大多数充气艇的气室要多。请注意覆盖气嘴的帆布盖。美军有时会将 2 艘侦察艇并排连接起来，以便更有效地搭载 6 人。每艘艇配备 2 支船桨。

2. 英军侦察艇与配备的船桨

这种用橡胶处理过的帆布艇也被其他英联邦军队使用。这种充气艇只有 2 个气室，每边 1 个。它长 6 英尺 7 英寸，宽 2 英尺 7 英寸，高 1 英尺 3 英寸。这种侦察艇提供了 2 个长条座椅，但只能勉强搭载 2 人，而且没有空间安放装备。这导致部队在战争期间始终怨声载道。

3. 苏军 LMN 艇与配备的船桨、充气管和气泵

LMN 艇长 10 英尺 6 英寸，宽 4 英尺，高 1 英尺 4 英寸。这种充气艇能够挤进 6 个人，或者搭载 4 个人加 1 挺马克西姆机枪，或者装载 635 千克重的货物。它的充气部分是单气室的用橡胶处理过的帆布管。它带有可折叠的木制板条甲板和 1 排长条座椅。本图还展示了略带弧形的船桨、2 根充气管以及各国军队都会使用的膜盒式脚踏气泵。

4. 德军 34 式小型橡皮艇与配备的船桨

这种橡皮艇长 9 英尺 8 英寸半，宽 3 英尺 8 英寸半，高 1 英尺 4 英寸半。

充气部分分为 2 个气室，其边缘被一根提手绳环绕。这种橡皮艇能搭载 3 个人或 300 千克重的货物，配备 3 支船桨。

5. 德军中型橡皮艇

这种橡皮艇长 18 英尺，宽 6 英尺 1 英寸，高 2 英尺 2 英寸半，几乎是 34 式小型橡皮艇的两倍大。这种中型橡皮艇能搭载 1 名舵手、6 名桨手以及 1.35 吨重的货物，如果是轻装士兵，则最多可搭载 18 人。它的船桨与 34 式小型橡皮艇的船桨相同。苏军的 A-3 艇（无图）在外观上与德军中型橡皮艇基本相同，但长 20 英尺，最多能搭载 20 名士兵或 2730 千克重的货物。

穿着 PBC 游泳服的苏军步兵正在湖岸边的芦苇荡中前进。PBC 游泳服足以让一个全副武装的士兵浮在水面上，但这些侦察兵没有背上他们的背包。（尼克·科尔尼西在 www.Stavka.org.uk 提供）

6. 穿着 PBC 游泳服的苏军士兵

PBC 游泳服由环形黑色橡胶充气管、棕色皮带、齐胸高的长筒防水靴和 2 支单手桨组成。对侦察兵和工兵来说，这种游泳服很实用。在平静的水域，1 个穿着 PBC 游泳服的士兵可在 6 分钟内游 100 米（330 英尺）。不使用时，士兵可将充气管挂在背上，并将折叠好的防水靴、皮带和单手桨存放起来。

✧ D. 舟桥运输车

多波次冲锋舟下水、架设桥梁（无论是固定桥梁还是浮桥）以及建立渡船和浮筏的渡口，这些的实现都离不开一个前提，那就是要及时运来大量的小艇、桥脚舟和种类繁多的架桥器材（结构件、支撑件、桥板、斜坡、栈架等等）。所有这些器材都是庞大而笨重的。舟桥分队需要在本已拥堵的交通线上占用大量道路空间，而器材的及时交付又至关重要。各国军队的工兵都使用多种车辆来运输和架设桥梁。

1. "布罗克韦"六吨 6×6 B-666 架桥卡车

美国陆军能以创纪录的时间用支撑斜坡和浮桥组件架设出车行桥，这要归功于"布罗克韦"。这种卡车配有架桥起重机，并携带浮桥分段和其他组件。将架桥器材运到工地时，这种卡车会倒车进入工地。然后，车上的大型双臂吊杆会将桥脚舟、桥脚舟鞍座、桥板和支撑件从车上吊起，并将其放在需要的位置。最后，工兵会将这些器材安放到位。这种卡车的车头还有一部动力绞车。

2. 采用"麦克"（Mack）六吨 6×6 卡车底盘的"快路"E 型起重机

美军的"快路"是工兵和后勤部队使用的一种多功能车辆。通过装上不同的配件，这种车辆可成为起重机、打桩机、抓斗式挖掘机、拉铲式挖掘机或斗式铲车。"快路"可以在岸边挖出供小艇下水的滑道，清理通往架桥地点的斜坡，以及吊起和安放桥脚舟与桥梁构件。

3. 加拿大军队的福特 F60H 三吨 6×4 折叠艇运输车

这张图显示这种车能运载 3 艘英制 FBE Mk Ⅲ。如果采用相同的垂直支柱叠放布局，但去掉驾驶室后方的储物箱，这种车辆可运载 2 艘硬壳桥脚舟。4 根垂直支柱各带 1 个手动绞盘，用于将装载的小艇放低或升高。美军的"菱形 T"四吨 6×6 卡车上也安装了同样的绞盘。

4. 德军 Pf15 舟桥组件拖车

德军的舟桥分队使用的四轮拖车由六轮卡车或五吨 SdKfz6 中型半履带牵

D. 舟桥运输车

引车牵引。加上马具后，这类拖车也可由6匹马牵引。这类拖车包括用于运输桥梁支柱和桥板的Pf10、运输重型桥脚舟的Pf11和运输斜坡的Pf12。这张图显示的是1辆搭载2艘舟桥装备C全桥脚舟（由4艘半桥脚舟船尾对船尾地连接而成）的Pf15。要运送的附件和其他器材都放在桥脚舟的下面。桥脚舟通常被漆成"原野灰"（暗绿色），但有时也会采用迷彩涂装。硬壳冲锋舟以三艘为一组并嵌套在一起，以便倒放在SdAnh108拖车上运输，而从冲锋舟上卸下的3台发动机则放在船体下方的拖车平台上。德军后期型号的冲锋舟可卸下其甲板组件以便嵌套，并在运输时将这些甲板固定在拖车的侧面。

E. 德军的浮筏和渡船

❀ E. 德军的浮筏和渡船

在桥梁搭建尚未完成的危险时段，所有作战部队都广泛使用了浮筏和渡船，以便将反坦克武器、坦克以及其他支援武器和车辆运到对岸的桥头堡。为此，作战部队使用了不同大小的硬壳艇或充气桥脚舟，以及作为甲板的桥梁分段。

图中，1艘39式轻型冲锋舟（1）被用来推动1艘载重量为4吨的渡船。这艘渡船由2艘舟桥装备B半桥脚舟组成，还配有一段12米长的甲板。这种渡船能运输轻型卡车、越野汽车、大炮或类似的装备。图中的渡船正载着伤员和医护人员从前线返回。

背景中有1艘长18英尺、被称为"大浮袋"的中型橡皮艇（2）。这种船可由6名桨手驱动，但图中的这艘是由岸上的士兵通过系在船两端的绳索拉动的。请注意，拴在两侧船舷上的木板可用来承托1门37毫米PaK35/36反坦克炮的炮轮，以使火炮的重心位于船的重心上方。这种充气艇也可用来运输75毫米步兵炮或带挎斗的摩托车。

对岸的斜坡上有2对分别长3米的突击桥分段。这种突击桥分段被架在壕沟之类的小障碍上就可充当便桥，也可充当连接浮筏或渡船与河岸之间的桥。

F. 架设一座车行桥

191

✱ F. 架设一座车行桥

　　这幅图描绘的是在德国境内的一条河流上，美国陆军的战斗工兵正从此岸向对岸搭建一座 M2 车行浮桥。河水的流向是从右向左的（注意，从桥脚舟上拉出的锚链被固定在上游一侧）。浮桥可用各种大小的充气艇和钢壳桥脚舟来构建，而图中的浮桥使用的是 33 英尺 ×5 英尺 6 英寸的充气式桥脚舟，并以 3 英尺 9 英寸的间隔下锚（1）。在陡峭的此岸边，三个钢制车行桥板分段被架在栈架上并作为坡道（2）。一辆"布罗克韦"架桥卡车（3）上的桥脚舟已经完成卸载，而 12 英尺 ×3 英尺 9 英寸的车行桥板分段也被吊起并被放到钢制鞍座上。几个浮桥分段已经准备就绪，等着被移到对岸。一艘 18 英尺长的多用途汽艇正推着一个包含两艘桥脚舟的浮桥分段逆流而上（4），以便将其连接到另一头的浮桥分段（5）上。对岸的第一个浮桥分段在被推过河时也兼作渡船。"卡特彼勒"（Caterpillar）D4 推土机（6）就是被这个浮桥分段送到对岸的，以便开辟架桥地点的出口道路。这样的一座浮桥可在两三小时内完成架设，但具体所需时间取决于河流的宽度和流速。当然，流速越快，用时就越长。

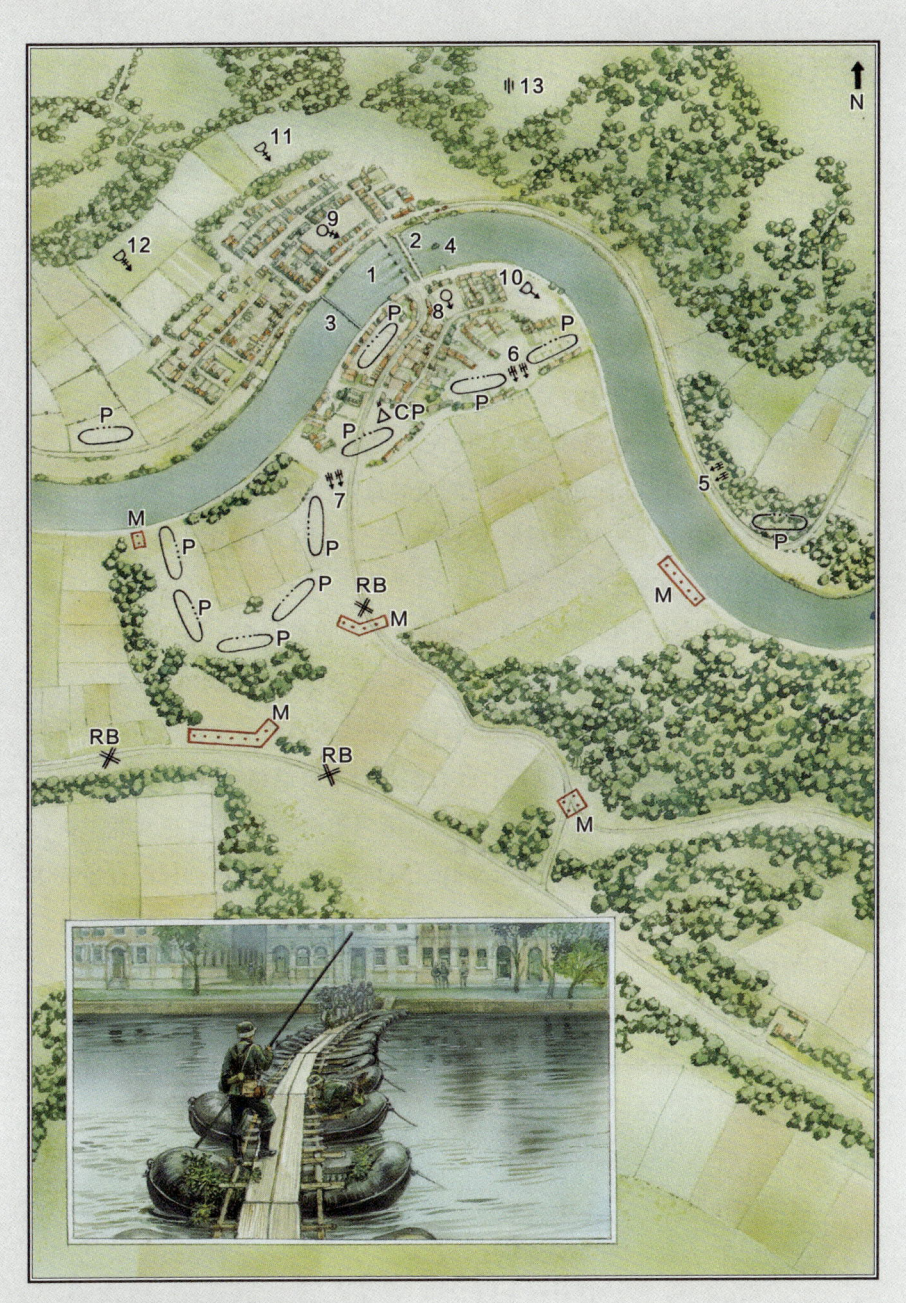

G. 德军的桥头堡，1941年前后

✳ G. 德军的桥头堡，1941年前后

在这张图上，一支假想的德军攻击部队从北岸突击至南岸后建立了一个桥头堡。

突击营的友邻营的各排防守着河流弯曲部两侧的北岸，而9个步兵排（P）和突击营指挥所（CP）已经到达南岸。这些部队得到一些团属分队和高射炮的支援。1个工兵连维护着浮桥和渡船。宪兵将开展交通管制。路障（RB）和雷场（M）已经布设完毕。这个桥头堡需要扩大，以容纳突破部队。

原有的石桥（1）已被摧毁。一座使用半桥脚舟的舟桥装备B浮桥（2）已被架设在石桥的上游，而使用小型充气艇的舟桥装备C人行桥（3和小插图）被架设在石桥的下游。一艘载重量为4吨的渡船（4）正在载重量为4吨的舟桥装备B浮桥的上游航行。

工兵们总是会尽力拼装更多的桥梁和渡船，以确保有充裕的运力来应对敌军行动、天气或事故造成的损失。1个50毫米反坦克炮排（5）从北岸为桥头堡提供支援，并监视着村庄南面的农田。桥头堡内的2个反坦克炮排（6、7）也监视着这片农田，同时以纵射火力控制着主要道路。突击营的80毫米迫击炮排（8）掩护整个正面，而团属120毫米迫击炮排（9）也从北岸执行同样的任务。1个装备4门20毫米高射炮的高炮排（10）已被部署在桥头堡中，负责提供近距离支援。在北岸，1个装备3门37毫米高射炮的高炮排（11）负责掩护桥梁和渡口，同时1个装备4门88毫米高平两用炮的炮连（12）负责掩护河流两岸，包括桥头堡。1个装备4门105毫米榴弹炮的炮连（13）为桥头堡提供支援。在画面之外，该突击营的另外2个炮连和其他炮兵营也将一同提供支援。

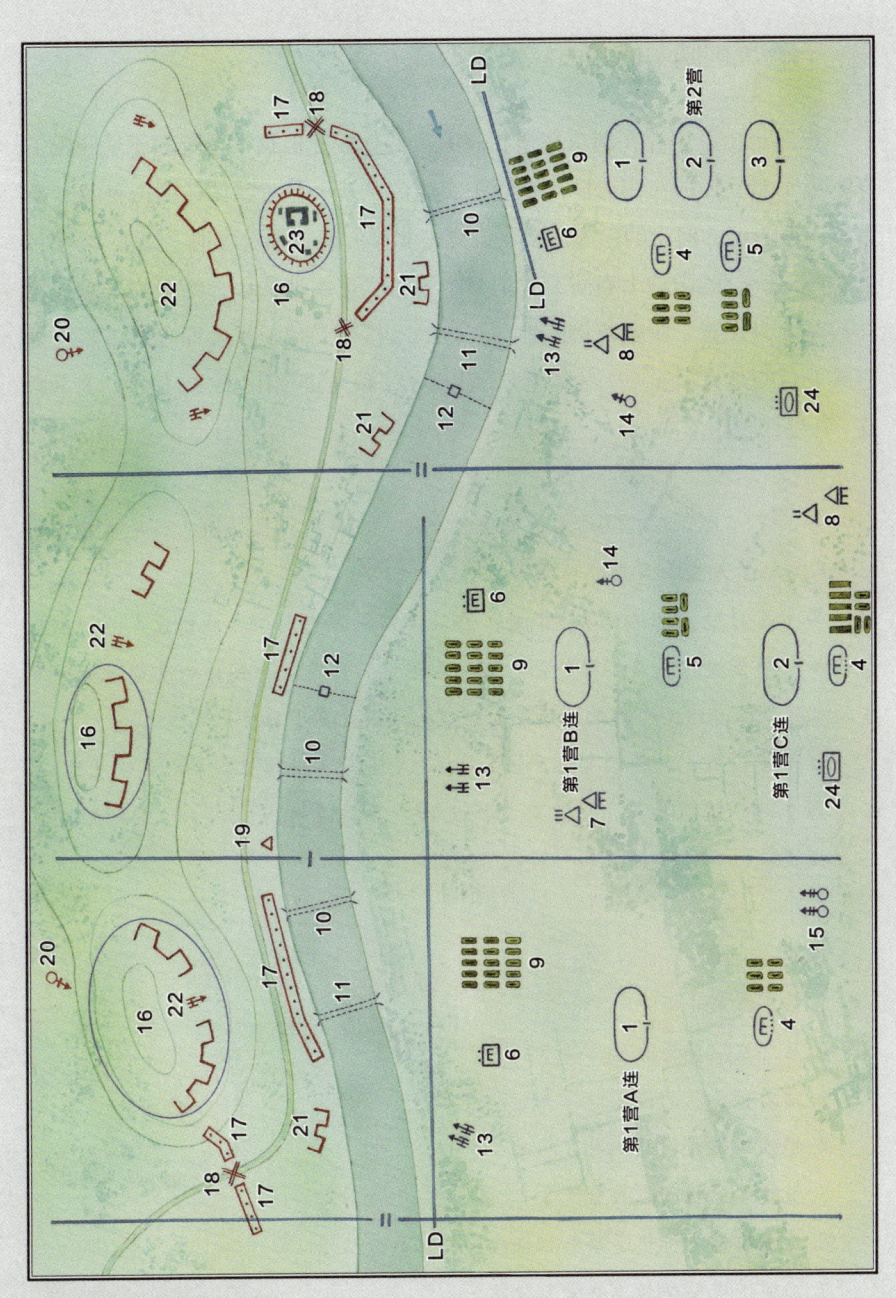

H. 美国陆军的强渡江河作战

⚓ H. 美国陆军的强渡江河作战

虽然历史上不存在两次完全相同的渡河作战，但这张示意图还是展现了一个美军步兵团的突击分队（蓝色）实施的强渡。该步兵团的任务是从一条自东向西流淌的河流的南岸出发，去突击北岸的德军预设阵地（红色）。德军已在一道高耸的山岭上布防，并把一个复合农庄改造成了一个坚固据点，但在河岸上只设置了少数防御阵地。双方的支援炮兵都位于画面之外。蓝色垂直线表示的是美军连／营的分界线，蓝色水平线是进攻出发线（LD）。美军各连／营自西至东依次为：

第 1 营 A 连，在其集结地为突击做准备。在其渡河区域内，一座车行桥和一座人行桥计划在初步登陆后架设。

第 1 营 B 连，也位于其集结地。在其渡河区域内，该连计划设置另一座人行桥和一个摆渡口。第 1 营将让 A、B 两连齐头并进，而且每个连都配有一个支援工兵分队。这两个连的冲锋舟已经预先被布置在了进攻出发线上。

第 1 营 C 连，担任预备队。该连将增援任何一个进展比较顺利的突击连。

第 2 营，将以其三个连发起梯次进攻。在其渡河区域内，该营计划建立一个摆渡口、一座车行桥和一座人行桥。

图例，美军：

1. 第 1 波突击连；
2. 第 2 波后续连队；
3. 作为预备队的连；
4. 携带架桥器材的工兵分队；
5. 带渡船器材的工兵分队；
6. 负责排雷、标记道路和担任向导的工兵分队；
7. 团前进观察所与工兵管制分队；

8. 营指挥所与工兵联络分队；

9. 预先安置的供先锋连使用的冲锋舟（每排5艘，可容纳步兵和配属的重武器操作人员）；

10. 计划的人行桥架设地点；

11. 计划的车行桥架设地点；

12. 计划的摆渡口；

13. 提供直射火力支援的57毫米反坦克炮排；

14. 81毫米迫击炮排；

15. 107毫米迫击炮排（配属）；

24. 准备登上渡船过河的坦克和/或坦克歼击车排。

图例，德军：

16. 美军突击连的初始目标；

17. 反步兵/反坦克地雷场；

18. 路障；

19. 早期预警观察所；

20. 80毫米迫击炮排；

21. 前哨战斗阵地；

22. 配备50毫米反坦克炮和/或75毫米反坦克炮的防御阵地；

23. 复合农庄据点。

注　释

1　见鱼鹰出版社出版的《二战德军特种部队》(精英系列177)中的彩图H。
2　见鱼鹰出版社出版的《雷马根1945》(战役系列175)以及《二战德军特种部队》(精英系列177)中的彩图H。

部分参考文献

Allen, Peter, *One More River: The Rhine Crossings of 1945* (New York; Charles Scribner's, 1980).

Beck, Arfred M.; Bortz, Abe; Lynch, Charles W.; & Weld, Ralph F., *United States Army in World War II , The Corps of Engineers: The War Against Germany* (Washington, DC; Center for Military History, 1985).

Beiersdorf, Horst, *Bridgebuilding Equipment of the Wehrmacht 1939-1945* (West Chester, PA; Schiffer Military History, 1998).

Blumenson, Martin, *Bloody River: The Real Tragedy of the Rapido* (College Station, TX; Texas A&M University Press, 1998).

Ford, Ken, *Cassino, The Four Battles January-May 1944* (Ramsbury, UK; Crowood Press, 2001).

Ford, Ken, *Assault Crossing: The River Seine 1944* (Barnsley, UK; Pen and Sword, 2011).

Forty, George, *British Army Handbook 1939-1945* (Stroud, UK; Sutton, 1998).

Harpur, Brian, *A Bridge to Victory: The Untold Story of the Bailey Bridge* (London; HMSO, 1991).

Hechler, Ken, *The Bridge at Remagen: A Story of World War II* (Novato, CA; Presidio, 2005).

Kugler, Randolf, *Chronik der Landungspioniere 1939-1945* (Speyer, Germany; Kameradschaft der Landungspioniere, 1987).

Kutta, Timothy, *DUKW in Action* (Carrollton, TX; Squadron/Signal Publications, 1997).

Liere, Otl, *Pioniere im Kampf* (Berlin; Wilhelm Limpert, 1940).

Nichols, Chester W., *Bridging for Victory* (Warrensburg, MO; privately published, 1977).

Pergrin, Col David E. & Hammel, Eric, *First Across the Rhine: The Story of the 291st Engineer Combat Battalion in France, Belgium, and Germany* (New York; Atheneum, 1989).

Radford, Albert E. & Redford, Laurie S., *Unbroken Line: The 51st Engineer Combat Battalion - From Normandy to Munich* (Woodside, CA; Cross Mountain Publishing, 2002).

Rawson, Andrew, *Rhine Crossing: Operations Plunder and Varsity* (Barnsley, UK; Leo Cooper, 2007).

Riebenstahl, Horst, *Deutsche Pioniere im Einsatz 1939-1945: Eine Chronik in Bildern* (Eggolsheim, Germany; Dörfler, 2001).

Schultz, Duane, *Crossing the Rapido: A Tragedy of World War II* (Yardley, PA; Westholme Publishing, 2010).

Scott, John L., *Combat Engineer* (re: 111th Combat Engr Bn - Baltimore, MD; American Liberty Press, 1999).

Sliz, John, *Engineer Assault Boats in Canadian Service* (Ottawa; Service Publications, 2006).

Sliz, John, *Non-Bailey Bridging in Canadian Service* (Ottawa; Service Publications, 2010).

Smith, Lee C., *A River Swift and Deadly: The 36th "Texas" Infantry Division at the Rapido River* (Waco, TX; Eakin Press, 1997).

Southergill, Norman, *A Combat Engineer Remembers* (re: 150th Combat Engr Bn - Bloomington, IN; Trafford Publishing, 2006).

Wong, John B., *Battle Bridges* (Victoria, British Columbia; Trafford Publishing, 2006).

US Army, *Handbook on USSR Military Forces,* TM 30-430 (November 1946).

US Army, *Handbook on German Military Forces,* TM E-30-451 (March 1945).

US Army, *Stream Crossing Equipment,* Information Bulletin No. 120 (July 1943).

http://cgsc.cdmhost.com/cdm/singleitem/collection/p4013coll8/id/2854/rec/

"二战战术手册"系列丛书

WORLD WAR II TACTICS

英国鱼鹰社
(OSPREY PUBLISHING)

Elite丛书中译本

备受中国军迷痴迷的二战战术大全

- 01 二战战术手册：步兵班、排、连、营战术
- 02 二战战术手册：巷战与火力支援战术
- 03 二战战术手册：美军快速航母特混舰队和装甲步兵战术
- 04 二战战术手册：冬季、山地作战和反坦克战术
- 05 二战战术手册：沙漠和江河突击战术
- 06 二战战术手册：U艇、滑翔机和日本坦克战术
- 07 二战战术手册：两栖突击战术
- 08 二战战术手册：侦察和伪装战术
- 09 二战战术手册：丛林和空降战术
- 10 二战战术手册：野战通信和步兵突击战术

鱼鹰社产品长盛不衰的秘诀之一

■ 精美的插图！专业插画师绘制，彩色场景示意图，细节丰富、场景考究；

鱼鹰社产品长盛不衰的秘诀之二

■ 专业的考证！生动还原各国武器装备、战术的运用场景和实际运用情况。通过横向对比，梳理不同战场上的战术，剖析各国战术的实际运用情况和优缺点。